सतर्क रहें!
सुरक्षित रहें!

सतर्क रहें! सुरक्षित रहें!

सुरक्षित जीवन
के लिए
एक उपयोगी
पुस्तिका

ओ. पी. मिश्रा

NIYOGI
BOOKS

(अंग्रेजी की मूल पुस्तक–Watch Out: A Handbook for Safe Living का हिन्दी अनुवाद)

प्रकाशक

NIYOGI BOOKS
ब्लॉक डी, बिल्डिंग नंबर 77,
औखला औद्योगिक क्षेत्र, चरण–1
नई दिल्ली–110020, भारत
टेलीफोन: 91-11-26816301, 26818960
ईमेल: niyogibooks@gmail.com
वेबसाइट: www.niyogibooksindia.com

ISBN: 978-93-85285-78-3
प्रकाशन वर्ष: 2017

मुद्रकः नियोगी ऑफसेट प्राईवेट लिमिटेड, नई दिल्ली, भारत

स्वर्गीय माता-पिता
को
समर्पित

विषय सूची

गोवा के राज्यपाल

राजभवन
गोवा 403 004

प्राक्कथन

डॉ ओम प्रकाश मिश्रा पुलिस के उन अधिकारियों में से हैं, जिन्हे बौद्धिक रूप से सक्षम और कुशल माना जाता है। डॉ मिश्रा ने अपनी पहली पुस्तक जिसका शीर्षक है "Policing Delhi: Urbanization, Crime, and Law Enforcement" के बाद अपनी दूसरी पुस्तक "Watch Out" लिखी है, जिसका हिन्दी संस्करण आपके हाथ में है। यह पुस्तिका देश के आम नागरिकों को सुरक्षित जीवन देने में एक महत्वपूर्ण भूमिका निभायेगी।

देश के नागरिकों और उनकी संपत्ति की सुरक्षा बेहद जरूरी है और यह भारत के वृद्धि और विकास से जुड़ा हुआ मामला है। इस पुस्तिका के प्रकाशन के माध्यम से इस देश के नागरिकों को खुद की और अपनी सम्पति की सुरक्षा किस तरह करनी है, इसकी जानकारी विस्तृत रूप से दी गई है, और यही जानकारी वास्तव में राष्ट्र को सुरक्षित बनाने के लिये भी है। भारतीय समुदाय के साधारण से लेकर पेशेवर सभी तरह के वर्गों के लिए यह जानकारी बहुत ही प्रासंगिक है।

डॉ मिश्रा ने व्यापक रूप से एक आम नागरिक के जीवन के हर उस पहलू का, जिसका दैनिक जीवन में सामना करना पडता है, उसे प्रभावशाली रूप में पेश किया है। उनकी बिन्दुबद्ध सलाह वास्तव में ऐसी जानकारियाँ हैं जो नागरिकों को उनके बचाव और सुरक्षा सुनिश्चित करने में लम्बे समय तक सहायता करेगी। जिस तरह से मुद्दों का चयन किया गया है और जिन उपायों पर प्रकाश डाला गया है, अगर लोग उनका पालन करें तो न वे केवल खुद को बल्कि बड़े पैमाने पर समाज को भी सुरक्षित देख सकेंगें, फिर चाहे वह समाज हमारे बड़े महानगरों, छोटे शहरों, यहां तक कि हमारे देश के गांवों के ही क्यों न हों।

डॉ मिश्रा ने इस पुस्तिका में जिन मुद्दों पर प्रकाश डाला है वे काफी महत्वपूर्ण हैं और जिन क्षेत्रों में एक आम नागरिक अक्सर अपराध का

शिकार होता है। ऐसे पहलू जो अत्यंत प्रासंगिक हैं और वास्तव में सामान्य जानकारी एवं अभ्यास पर आधारित है। उन सब को इस तरह विस्तार से एक साथ लाना वास्तव में सराहनीय है और इसका श्रेय डॉ मिश्रा को जाता है।

सबसे अधिक प्रशंसनीय यह है कि डॉ मिश्रा ने आधुनिक सभ्यता के बैंकिंग और इन्टरनैट से जुड़े सभी पहलुओं जैसे कि बैंकों और एटीएम से नकदी निकालना, साइबर अपराध की जाँच करना, पासवर्ड सुरक्षित रखना, क्रेडिट कार्ड अदि विशयों को बहुत गहराई से शामिल किया है, जिनमें अत्यधिक सावधानी बरतने की आवश्यकता होती है। यह वास्तव में ध्यान देने लायक है कि बुजुर्गों के लिए सुरक्षा के सुझाव, नौकरो से सम्बन्धित अपराध, कीमती सामान को सुरक्षित रखने के तरीके, सेंधमारी और घर को चोरी से सुरक्षित रखने से संबंधित अपराधों को रोकने जैसे विषयों की इस पुस्तिका में विस्तृत व्याख्या की गई है। महिलाओं और बच्चों के लिये सावधानियों पर चर्चा करते हुये बच्चों के लिये साइबर सुरक्षा का इस उपयोगी संग्रह में प्रमुख उल्लेख मिलता है, जो लेखक के व्यक्तित्व के संवेदनशील पक्ष को दर्शाता हैं। डॉ मिश्रा ने सुरक्षित रेल यात्रा और कार ड्राइविंग करते समय जिन बातों पर ध्यान देने की आवश्यकता है उन पर भी सलाह दी है। इसमें विभिन्न विषयों को जिस विस्तार से शामिल किया गया है ऐसा लगता है कि इससे जुड़ी जानकारी में कोई कसर बाकी नहीं है। मैं इस पुस्तिका की प्रस्तुतीकरण की शैली और जिस तरह से यह प्रकाशित की जा रही है उससे विशेषकर लेखक की समझ और स्पष्टता से दिये गये निर्देश से अत्यधिक प्रभावित हूँ। इस पुस्तिका को पढ़कर देश का हर परिवार बेहतर सहयोग करेगा और उसे इसका लाभ भी मिलेगा। मैं, ओ.पी. को, जैसा कि सहयोगी उन्हें प्यार से पुकारते हैं, इनके उज्जवल कैरियर की कामना करता हूँ और उम्मीद करता हूँ कि भविष्य में उनके बेहद उर्वर मानस से और भी पुस्तकों का जन्म होगा। वह सही मायनों में एक सोचने वाले पुलिस अधिकारी है।

(बी. वी. वांचू)
गोवा के गर्वनर
फरवरी 2013

आभार

व्यक्तिगत सुरक्षा, कानून और व्यवस्था, आपराधिक गतिविधियों की रोकथाम व समाज में शांति बनाये रखने और नागरिकों की विभिन्न जरूरतों को पूरा करने के लिए पुलिस व्यवस्था एक संस्थागत प्रतिक्रिया है। दिल्ली जैसे महानगर में अपने पुलिस कैरियर के दो दशकों से भी अधिक समय में मैंने हमेशा दिन–प्रतिदिन की पुलिसिंग में नागरिकों एवं समुदायों को शामिल करने की कोशिश की है और उनमें भरोसे और आत्मविश्वास की उम्मीद की है। इस प्रयास का मूल उद्देश्य समुदायों को नवीनतम अपराध प्रवृत्तियों और उनके द्वारा अपराध को रोकने के लिए अपनाई जाने वाली सावधानियों और उपायों के बारे में जागरूक बनाना था। यह सामूहिक निकायों के साथ नियमित बातचीत के माध्यम से किया गया था। यह पुस्तिका एक और अधिक संगठित और ठोस रूप में जीवन के कुछ महत्वपूर्ण क्षेत्रों में अपराध की रोकथाम पर इन्हीं विचारों का संग्रह है।

यह वास्तव में गर्व और सौभाग्य की बात है कि महामहिम, गोवा के पूर्व राज्यपाल, श्री भारत वीर वांचू, एक उत्कृष्ट और प्रतिष्ठित भारतीय पुलिस सेवा (सेवानिवृत्त) अधिकारी ने किताब के लिए प्राक्कथन लिखने के लिए सहमति व्यक्त की। मैं तहे दिल से उन के प्रति अपनी गहरी कृतज्ञता व्यक्त करता हूँ।

इस पुस्तिका के संकलन के दौरान मैं विभिन्न राष्ट्रीय और अंतर्राष्ट्रीय पुलिस संगठनों की रिपोर्ट और अभिलेखों तक उनकी आधिकारिक वेबसाइट के माध्यम से पहुँचा। मैं इन सभी संगठनों का भी हार्दिक आभार व्यक्त करता हूं।

मैं विशेष रूप से अपने पुत्रों अभिषेक और अभिषांक के योगदान को भी स्वीकार करता हूँ, जिन्होने प्रारंभिक प्रारूप में सार्थक जानकारी और महत्वपूर्ण टिप्पणियों से इस पुस्तिका को समृद्ध बनाने में मदद की है। मेरी पत्नी आरती ने मेरे शैक्षणिक प्रयास में मुझे सदैव समर्थन और प्रोत्साहन दिया है।

मैं वास्तव में बहुत भाग्यशाली हूँ कि मेरे कुछ बहुत अच्छे दोस्त है जो हमेशा अच्छे समय के दौरान और संकट के क्षणों में हमेशा मेरे साथ खड़े रहे, उनकी शुभकामनाएं मेरे लिए महान शक्ति का स्रोत रही है।

मुझे यह बताते हुए अपार हर्ष हो रहा है कि गोवा राजभाषा निदेशालय, गोवा सरकार द्वारा इस पुरितका का अनुवाद कोंकणी भाषा में किया गया है। मैं विशेष रूप से श्री बिकास नियोगी, प्रबंध निदेशक, नियोगी बुक्स को धन्यवाद करना चाहता हूँ जिन्होंने इसे हिन्दी में अनुवाद कर इसे प्रकाशित करने का निर्णय लिया है।

पुस्तक में व्यक्त किये गये विचार व्यक्तिगत हैं।

डा. ओ पी मिश्रा
(आई पी एस)

प्रस्तावना

मानव सभ्यता के प्रारंभिक चरण में मनुष्य भोजन और आश्रय की तलाश में एक स्थान से दूसरे स्थान तक घूमता रहता था। इन लोगों का समूह अपने साथ अज्ञात दुश्मनों से अपने जीवन और सामान की रक्षा करने के लिए पत्थर और हाथों से बने अन्य उपकरण रखते थे। संहिताबद्ध कानून के अभाव में किसी भी तरह की अराजकता और अपराध को सामूहिक निर्णयों, बैठको और सामाजिक एवं संस्कृतिक प्रचलनों कें माध्यम से नियंत्रित किया जाता था। हालांकि, इस तरह की व्यवस्था लंबे समय तक नहीं चल पाई। जैसे जैसे सभ्यता का विकास हुआ परिणामस्वरूप शहरीकरण और औद्योगीकरण हुआ और समाज का स्वरूप बदलता गया। समग्र विकास तकनीकी उन्नति के माध्यम से दिखाई दे रहा था। प्रशासन और अन्य सामाजिक–राजनीतिक और आर्थिक संस्थानों में भी परिवर्तन होने लगा।

हालांकि अपराध अभी भी जारी है, परन्तु उसका तरीका बदल गया है। इन्हें हमारे सामाजिक, आर्थिक और राजनीतिक संस्थाओं के विकास की पृष्ठभूमि में देखना चाहिए।

प्रौद्योगिकीय परिवर्तन और आर्थिक उन्नति से समाज में खुशी और समृद्धि के स्तर में वृद्धि हुई है। इन परिवर्तनों के दो दूरगामी प्रभाव हुए है। एक स्तर पर यह एक धनाढय वर्ग के लोगों को अस्तित्व में लाता है जो जीने के लिये अधिकतम संसाधनों का अधिग्रहण करते हैं। इसके साथ ही एक ऐसे लोगों का वर्ग भी तैयार होता है, जो अपने अस्तित्व के लिए कम से कम और अपर्याप्त आर्थिक संसाधनों का उपयोग कर रहा है। दुर्भाग्य से इन दोनों वर्गो के अंतर की यह खाई इस समय दुनिया भर में कल्पना से अधिक है।

समय के साथ–साथ विकास के समग्र द्वंद्ववाद भी दोनों समूहों के पारस्परिक संबंधों पर प्रतिकूल प्रभाव डालता है। जिससे वंचितों और समृद्ध समूहों में आपसी वैमनस्यता एवं दुश्मनी पनपती है, जो अपने आप अपराध के रूप में विकसित और प्रकट होती है। यह समस्या मध्यम और कम आय वाले देशों में और अधिक हो गई है। मलिन बस्तियों और अनधिकृत कॉलोनियों के विकास, हिंसा और अपराध को इस समग्र प्रतिमान में देखे जाने की जरूरत है। बहरहाल, इनसे आपराधिक गतिविधियों के सिर्फ एक बड़े हिस्से का ही पता चलता हैं। इसमें आनुवंशिक और गैर–आर्थिक कारकों के कारण अपराध की प्रवृत्ति शामिल नहीं है।

हर जगह विभिन्न रूपों में बढ़ते हुए अपराध कानून लागू करने वाली संस्थाओं के लिए एक बड़ी चुनौती बन गये हैं। विशेष रूप से भारत में, कई रूपों में सड़क पर अपराध होने वाले एक चुनौतीपूर्ण काम के रूप में उभरा है। सड़क पर होने वाले अपराध शांतिप्रिय नागरिकों के मन में दहशत पैदा करते हैं। ऐसे अपराधों की रोकथाम, पुलिस के काम करने की प्रणाली के मूल्यांकन करने के मानदण्ड बन गये हैं। कानून–व्यवस्था बनाये रखने और अपराध की रोकथाम की बुनियादी जिम्मेदारी दुनिया भर में पुलिस के लिए हमेशा मुख्य केन्द्र बिन्दु रहेगी।

पुलिसिंग के लिये अन्य हितधारकों, जिसमें नागरिक एक महत्वपूर्ण भूमिका निभाते हैं। अपराधों को रोकने में उनकी भागीदारी की आवश्यकता है। एक मायने में यह एक भागीदारी परिप्रेक्ष्य है जिसमें व्यक्ति अपने चारों ओर होने वाली घटनाओं के लिये खुद प्रमुख भूमिका निभाता है। यह एक विरोधाभास है कि अपने आप को गौण रख कर समाज में व्यक्ति हमेशा अलग तरीके से खुद की सुरक्षा पर ध्यान देता है, जबकि वास्तविकता यह है कि अपराधों को रोकने में पीड़ित की स्वयं की भी भूमिका है। व्यक्ति अपनी सुरक्षा की जिम्मेदारी पुलिस को देते हैं जिसपर हमेशा ही अधिक जिम्मेदारियों का बोझ रहता है। हमें समझना चाहिए कि हमारी अपनी सुरक्षा और इसके प्रति थोड़ी सी सावधानी एवं संवेदनशीलता हमें जीवन की प्रमुख त्रासदियों से बचा सकती है। आखिरकार, अंततः किसी भी अपराध में नुकसान नागरिक का होता है।

यह माना गया है कि अपराध, स्वतंत्रता और लोकतंत्र के लिए खतरा है। किसी भी समाज में अपराध का कम होना स्थिरता, सुरक्षा और विकास के लिए जरूरी है। अपराध पूरी तरह से समाप्त नहीं किया जा सकता है, लेकिन एक समाज प्रभावी शासन प्रणाली द्वारा अपराध की घटनाओं को उचित सीमा तक कम करने और कानून का अनुशासन बनाए रखने के लिए एक प्रभावी तरीके से अपराध की सजा का प्रबंधन करने के लिए उम्मीद कर सकता है (गृह मंत्रालय, जुलाई 2007, आपराधिक न्याय पर पर ड्राफ्ट राष्ट्रीय नीति समिति की रिपोर्ट)।

इस पुस्तिका का उद्देश्य हमारी संपत्ति और जीवन जैसी जरूरी चीजों की सुरक्षा पर प्रकाश डालना है। जहाँ समुदाय की सक्रिय भूमिका होती है वहाँ व्यक्तिगत प्रयासों से लम्बे समय तक अपराध को रोका जा सकता है। असल में एक व्यक्ति की निजी सुरक्षा दो स्तरों पर प्रभावित होती है: एक जबकि वह घर के अंदर हो और दूसरा जब वह बाहर घूम रहा हो। वह अपने कार्यालय के रास्ते में हो, घर पर हो, या सिर्फ टहलने जा रहा हो। ऐसे समय में लूटपाट, या झपट्टामारी हो सकती है। इस तरह की घटनाऐं आम नागरिकों, खासकर महिलाओं, बच्चों और वरिष्ठ नागरिकों के मन में आतंक और भय पैदा करती हैं। ये अराजकता का संकेत देती हैं और स्थानीय पुलिस की एक बहुत ही खराब छवि को दर्शाती है। व्यक्तिगत सुरक्षा के लिये नागरिको की अधिक सक्रिय भूमिका की आवश्यकता है, जबकि पुलिस सड़क पर होने वाले अपराधों को रोकने में बहुत ही महत्वपूर्ण भूमिका निभाती हैं।

सड़क पर कानून व्यवस्था एवं अपराध रोकने के लिए पुलिस बुनियादी तौर पर उत्तरदायी है, जबकि घर की निगरानी नागरिकों द्वारा की जानी चाहिए। निजी और सार्वजनिक संसाधनों का संतुलन, सहयोग, और समन्वय का यही तालमेल लम्बे समय के लिए इलाके में अपराधों को रोकने का कारगर तरीका है।

"सतर्क रहें! सुरक्षित रहें!" लघु पुस्तिका दैनिक जीवन में होने वाले अपराधों को रोकने के लिए कुछ ठोस और बुनियादी युक्तियाँ प्रदान करता

है। महिलाऐं और बच्चे जोकि अक्सर अपराधियों का लक्ष्य बनते हैं उन्हें भी इस पुस्तिका में शामिल किया गया है।

अध्याय 17 में दिये गये सुरक्षा के सुझावों के बारे में मैं शुरुआत में ही स्पष्ट करना चाहता हूं कि ज्यादतर सुझावों को तेजी से बढ रहे शहरीकरण, जीवन के विभिन्न क्षेत्रों में महिलाओं की अधिक सामाजिक गतिशीलता विशेष रूप से महानगर और बड़े शहरों के समग्र विकास के संदर्भ में देखा जाना चाहिए। सुरक्षा संबंधी सुझाव किसी भी लिंग पूर्वाग्रह या किसी विशेष मानसिकता को प्रदर्शित नहीं करती जो महिलाओं की संवेदनशीलता के खिलाफ हो। मेरा दृढ़ विश्वास है कि महिलाओं के खिलाफ अपराध एक पितृसत्तात्मक मानसिकता और दृष्टिकोण का एक प्रतिबिंब है जो कि लैंगिक समानता के बुनियादी सिद्धांतों के खिलाफ है। लिंग के आधार पर विभिन्न मापदंड बनाये हुये हैं। महिलाओं के खिलाफ अपराध की रोकथाम के लिये महिलाओं के प्रति हमारी धारणा में एक क्रांतिकारी विचारधारा और व्यवहारगत परिवर्तन की आवश्यकता है इनमें वह अधिकारी और खाकी वर्दीधारी पुरुष भी शामिल हैं जिनके उपर महिलाओं से संबंधित विभिन्न कानून लागू करने का दायित्व है।

वास्तव में यह पुस्तक नई दिल्ली जैसे विभिन्न शहरों में आपराधिक मामलों से निपटने के मेरे पच्चीस साल से भी अधिक पेशेवर अनुभव को दर्शाता है। मुझे आशा है कि जो लोग इसे पढेंगे उनके आत्मविश्वास के स्तर में वृद्धि होगी तथा इससे अपराधों को रोकने में मदद मिलेगी।

डॉ. ओ. पी. मिश्रा

आई पी एस

दिल्ली

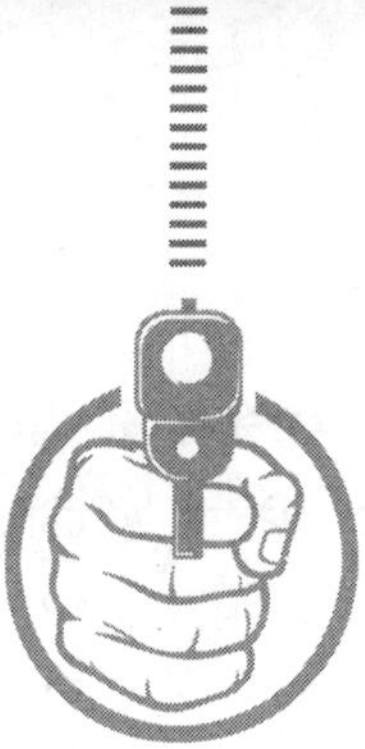

1

आतंकवादी हमलों को रोकने के उपाय

आज आतंकवाद दुनिया भर की प्रमुख समस्याओं और चुनौतियों में से एक है। इनमें से अधिकांश घटनाऐं शहरों में भीड़ वाले स्थानों पर होती हैं। फिर भी, हर आतंकी घटना उचित योजना, सहयोग, समन्वय और लक्ष्यों की पहचान के माध्यम से घटित होती हैं। ऐसी घटनाऐं सामान्य रूप से एक दिन का परिणाम नहीं हो सकती। इसके लिये संसाधन, बुनियादी ढाँचे और अन्य सामग्री जुटाने में महीनों लग जाते हैं। आखिरकार इन घटनाओं को अंजाम देने के लिए एक आतंकवादी को रहने और काम करने के लिए स्थान की आवश्यकता होती है। आतंकवाद की रोकथाम के लिये विभिन्न मोर्चों पर एक वैश्विक रणनीति बनाने की आवश्यकता है। जहाँ कहीं भी हमारे हित जुड़े होते हैं वहाँ आतंकवाद की घटनाऐं घट सकती हैं। आतंकवाद की घटनाओं को रोकने में रेसिडेंट वेलफेयर एसोसिएसन, मार्केट एसोसिएसन, गेस्ट हाऊस एसोसिएसन के कर्मचारियों का बहुत महत्वपूर्ण योगदान है। शापिंगमाल, बाजार या अन्य भीड़–भाड़वाले क्षेत्रों में इस तरह की घटनाओं को रोकने के लिए कुछ बुनियादी सावधानियां बरतनी चाहिये।

सामान्य नागरिक और मकान मालिकों के लिए

- ध्यान रखें कोई भी संदिग्ध व्यक्ति या गतिविधि आपके और दूसरों के लिए एक खतरा हो सकती है।
- लावारिस वस्तुओं को हाथ मत लगाइये।
- यदि किसी बस, ट्रेन या अन्य भीड़ वाली जगह या बाजार में कोई संदिग्ध वस्तु या लावारिस बैग मिलता है तो इसके बारे में तत्काल स्थानीय पुलिस को सूचित करें या 100 नम्बर डायल करें।
- संबंधित एजेंसियों के आने तक संदिग्ध वस्तु से दूर रहें और दूसरों को भी दूर रखें।
- अपने परिसर को किराए पर देने से पहले हमेशा किरायेदार का सही दस्तावेज देखें।
- पहचान से संबंधित वास्तविक दस्तावेजों को ही महत्व दें।
- किरायेदार के बारे में स्थानीय पुलिस को सूचित करें।
- कोई भी व्यक्ति बाजार मूल्य की तुलना में अत्यधिक किराया देने की पेशकश करता है तो उसे संदिग्ध के रूप में देखा जाना चाहिए।
- आस पड़ोस में होने वाली संदिग्ध गतिविधियों एवं व्यक्तियों पर ध्यान देना चाहिए।

टैक्सी/ऑटो ड्राइवर के लिए

- अपने यात्रियों और उनके सामान पर चौकस निगाह रखें।
- यदि कोई भी कार या दोपहिया वाहन कई दिनों से आपके इलाके में खड़ी है और मालिक उपलब्ध नहीं है उसे संदिग्ध मानें। इसे एक टाइमर डिवाइस के साथ विस्फोटकों को नियंत्रित करने के लिये भी प्रयोग किया जा सकता है।
- यदि आप पहले से प्रयोग की गई पुरानी गाड़ी खरीद रहे है तों यह सुनिश्चित कर लें कि यह चोरी की गाड़ी तो नहीं है या किसी आपराधिक मामले में इसका प्रयोग तो नहीं किया गया है। दूसरी और तीसरी बार बिकने वाले वाहनों को खरीदनें या बेचने के लिये खरीदार या विक्रेता का पूरा परिचय प्राप्त करें।
- आप अपने शहर की पुलिस की टोल फ्री सेवाऐं और राष्ट्रीय अपराध रिकार्ड ब्यूरो यानि National Crime Record Bureau (NCRB) के राष्ट्रीय डेटाबेस का लाभ भी चोरी की कारों के बारे में जानकारी पाने के लिये उठा सकते हैं।

- यात्रियों को रेलवे स्टेशन, एयरपोर्ट या बस अड्डे से ले जाते समय किसी भी प्रकार की संदिग्ध गतिविधियों के बारे में पुलिस को सूचित करें।

गेस्ट हाउस/होटल स्टाफ के लिए

- मेहमानों को प्रवेश देने से पहले उचित पहचान के दस्तावेजों की एक प्रति रखें और निगरानी के लिए नियत स्थानों पर सीसीटीवी कैमरा लगवायें।
- संबंधित संस्थाओं को सभी जरूरी फॉर्म ठीक प्रकार से भर कर जमा करें।
- एक विशेश अवधि के बाद वाहनों की पार्किंग की अनुमति न दें।
- होटल के स्टाफ और ग्राहकों की गाड़ियाँ अलग रखें और होटल के लिए प्रयुक्त होने वाले वाहनों का पार्किंग लेवल अलग रखें।
- होटल परिसर में सभी द्वारों तक पहुँच की प्रभावी नियंत्रण प्रणाली प्रयोग में लायें।
- सामान की उचित जाँच के लिए एक्स–रे सिस्टम को स्थापित करें।
- उल्टे दर्पण के माध्यम से परिसर में प्रवेश करने वाले वाहनों की समुचित जाँच सुनिश्चित करें और प्रवेश द्वार पर वाहनों का औचक निरीक्षण करें।
- अतिथि के होटल छोड़ने और नये अतिथि के प्रवेश करने से पहले (जैसे कमरे की सफाई के रूप में) तोड़फोड़ या अन्य हरकतों का जायजा लें।
- किसी भी व्यक्ति के आवाँछनीय या संदिग्ध गतिविधि की सूचना पुलिस तक पहुँचाएं।

व्यापार संगठनों और मॉल वालों के लिए

- ग्राहकों और दुकान मालिकों के लिए उचित पार्किंग सिस्टम बनाया जाना चाहिए।
- दुकानदारों की कारों को अधिकृत हस्ताक्षरकर्ता के द्वारा लेबलों से निर्दिष्ट करके विशेष पार्किंग के तहत ग्राहकों से अलग किया जाना चाहिए।
- संदिग्ध वस्तुओं और व्यक्तियों की निगरानी के लिए रिकॉर्डिंग की सुविधा के साथ एक सीसीटीवी प्रणाली आवश्यक है।
- परिसर के बाहर "आप सीसीटीवी की निगरानी में हैं" के साइन बोर्ड का प्रदर्शन होना चाहिये। यह गलत उद्देश्यों के साथ काम करने वालों पर मनोवैज्ञानिक दबाव बनाता है।
- व्यापार संगठन संदिग्ध वस्तुओं/व्यक्तियों पर नजर रखने के लिए परिसर के बाहर चौकीदारों/गार्ड को गश्त करने के लिऐ तैनात कर सकते है।
- एक दुकान/प्रतिष्ठान के बाहर किसी भी रूप में विस्तार/अनाधिकृत अतिक्रमण की अनुमति न दें।
- सभी दुकानों को एक अलार्म से जोड़ें जो परिसर में किसी भी प्रकार का संकट आने पर पड़ोसियों द्वारा पुलिस को सूचना देने के लिये इस्तेमाल किया जा सके।

2

सुरक्षित रेल यात्रा के लिए

रेलवे में अपराध चलती ट्रेन और रूकी हुई दोनों प्रकार की ट्रेनों में होता है। 2015 में ट्रेनों में कुल 39,239 आई. पी. सी. अपराध दर्ज किये गये जिनमें 211 डकैती, 1479 लूटपाट, और चोरी के 29,686 मामले भाामिल है।

(Crime in India 2015, P No 172)

- हमेशा अधिकृत एजेंटों और स्रोतों से ही टिकट खरीदे।
- हमेशा सामान के लिये चेन साथ रखें और रात में उसका इस्तेमाल करें।
- अपने डिब्बे में किसी भी व्यक्ति को बिना टिकट यात्रा करने की अनुमति न दें। ड्यूटी पर ट्रेन टिकट परीक्षक (टीटीई) को सूचित करें। सामूहिक रूप से टीटीई/अनुरक्षण गार्ड पर जोर दें कि वह सुनिश्चित करें कि अनधिकृत व्यक्ति आरक्षित डिब्बे से बाहर चले जायें।
- केवल अधिकृत विक्रेताओं से खाद्य सामग्री खरीदें। अजनबियों द्वारा खाने की पेशकश को स्वीकार न करें।

- अपने साथी यात्रियों के सामने कभी भी अपना कीमती सामान या नकदी न निकालें। सार्वजनिक स्थानों पर यात्रा करते समय जिन बैग में नकदी या अन्य कीमती सामान और गहने हों उसे न खोलें।
- कभी भी यात्रियों के साथ अपने सामान के बारे में चर्चा न करें।
- कोई भी व्यक्तिगत विवरण अजनबियों को न दें।
- किसी अज्ञात व्यक्ति को अपने सामान या कीमती सामान की निगरानी नहीं सौंपना चाहिये।
- लावारिस सामान या वस्तुओं की पहचान के बाद हमेशा तुरंत पुलिस या ट्रेन अटेंडेंट को सूचित करें।
- सुनिश्चित करें कि आपका सामान जंजीर में ताला डालकर बांध दिया गया है। एक जंजीर और ताले से अपने सामान को सुरक्षित करें। अपने सामान को लावारिस न छोड़ें।
- अकेले यात्रा करते समय महंगे गहने नहीं पहनें।
- यदि जरूरी है तो ट्रेन रोकने के लिये जंजीर का प्रयोग करें।

3

पर्यटकों के लिए आवश्यक सावधानी

पर्यटकों को उन स्थानों पर विशेष रूप से सतर्क रहना चाहिये जहाँ के लोगों, वहाँ की सामाजिक रिवाज एवं संस्कृति, सड़कों आदि के बारे में पता नहीं हो। खास कर विदेशियों को... जो अक्सर घूमने के लिये कोई सवारी लेते है। आंकड़े बताते हैं कि पर्यटकों के साथ अपराध दुनिया भर में बड़े पैमाने पर हो रहे है। इस लिये, हर समय सतर्क रहना सबसे अच्छा है।

- जैसे ही आप गन्तव्य पर पहुंचते है हमेशा एक प्रीपेड टैक्सी या अधिकृत मोड का वाहन चुने।
- वाहन अथवा आवास किसी अजनबी या एक दलाल के आतिथ्य से नहीं चुनें।
- जो लोग आप के लिए सेवाओं की सुविधा उपलब्ध करा रहे है उनकी पहचान (पता, टेलीफोन नंबर) नोट कर लें।

- कभी भी ट्रेन का टिकट या विमान का टिकट अनधिकृत व्यक्तियों से ना खरीदें।
- जो लोग बिना पूछे ही जरूरत से अधिक अनुचित अपनापन और शिष्टाचार दिखा रहे हों, उनके प्रति सतर्क हो जायें।
- हमेशा पर्यटन स्थलों पर धूमने के लिए या पूरे शहर में पर्यटन के लिए अधिकृत परिवहन सेवाओं का ही उपयोग करें।
- अगर एक कार में यात्रा कर रहे हैं तो चालक के पीछे नहीं बैठे, क्योंकि ड्राइवर के लिये पीछे के यात्री का दरवाजा बंद करना ज्यादा आसान हो सकता है। बगल वाली सीट पर बैठने का प्रयास करें।
- हमेशा के लिए एक टैक्सी बुक करें इससे चालक की पहचान का पता लगाया जा सकता है और उसका पीछा किया जा सकता है।
- केवल जरूरत के आधार पर अधिकृत व्यक्तियों को ही अपने यात्रा कार्यक्रम के बारे में बतायें।
- किसी भी मदद या जानकारी की आवश्यकता के लिए शहर में ड्यूटी पर तैनात स्थानीय पुलिस से संपर्क करें।
- अग्रिम बुनियादी योजना बना लें, ऐसा करने से आप अपराध का शिकार बनने की संभावनाओं को कम कर देतें है।
- होटल/मोटल/गेस्ट हाउस/रहने की जगह/शॉपिंग या अन्य चीजों के लिये रास्तों के बारे में जानकारी पहले से ले लें। आपको भटका हुआ देख कर आप अपराधियों के लिए एक आसान लक्ष्य बन सकते हैं।
- ऐतिहासिक स्मारकों या अन्य पर्यटन स्थलों पर घूमने के लिए केवल अधिकृत गाइड का ही चयन करें।
- अगर आप कहीं घूमने जा रहे हैं तो वहाँ के किसी भी ऐसे स्थान पर जहां जाने से मना हो उसके बारे में जानकारी प्राप्त करें। विशेष रूप से रात में अच्छी तरह से रौशनी वाले इलाकों में ही घूमने का चयन करें।
- जब एक ही स्थान पर घूमना हो तो बहुत अधिक नकदी ले कर मत चलें। जितनी जरूरत हो उतनी नकदी ही साथ में लें।

4

जब बैंकों और एटीएम से नकदी निकालें

जब बैंकों और एटीएम से नकदी निकालें तो सावधान रहें। अपराधी ग्राहकों के रूप में इनके परिसरों में प्रवेश कर जाते हैं और बैंकों में उनकी गतिविधियों को देखने के बाद आसान लक्ष्य चुनते हैं। वरिष्ठ नागरिकों और अनपढ़ लोग अजनबियों से मदद लेते समय धोखा खाते है, कुछ लोगों से उनके बैंक के बाहर, घर पर या काम पर जाते समय नकदी की लूट की गई है।

- सामान्य तौर पर जब कार्यालय के लिए नकदी ले जाना हो तो अपने सुरक्षा गार्ड या एक कर्मचारी के साथ एक कार/वैन में यात्रा करे।
- नकदी, यात्रा, तारीख और आने जाने के समय की जानकारी को गोपनीय रखें। यह संबंधित कर्मचारियों को केवल जरूरत के समय ही बतायें।
- अपने आसपास के क्षेत्र में किसी भी तरह संदिग्ध गतिविधियों या अजनबियों (पैदल या दुपहिया वाहन) पर नजर रखें।

- बैंक और एटीएम जाने के लिये हमेशा एक ही मार्ग और समय का चयन न करें।
- अजनबियों के साथ नकद या पैसे के लेन–देन पर चर्चा न करें या ऐसे लोगों से मदद के किसी भी प्रस्ताव को स्वीकार न करें।
- उन लोगों पर ध्यान न दे जो बैकं के अंदर या बैंक के बाहर आपके पैसे जमीन पर गिर गये हैं का बहाना बना कर आपका ध्यान बंटाना चाहते हैं।
- अपने नाबालिग बच्चों को नकदी की बड़ी मात्रा निकालने के लिये ना कहें।
- जब आप एक एटीएम पर अपना पिन नंबर टाइप करते हैं, सुनिश्चित करें कि आप पर्याप्त रूप से सुरक्षित है और की–पैड आपके अलावा किसी और को न दिखें। नकदी निकालते समय सावधान रहे विशेष रूप से अगर परिसर में कोई अन्य व्यक्ति भी मौजूद है।
- सुनिश्चित करें कि एटीएम का प्रयोग करते समय आपकी गोपनीयता स्पश्ट नहीं हुई है। सुनिश्चित करें कि आप सही अनुक्रम में लॉग आउट करें। मशीन से कार्ड वापस लेना ना भूलें।
- एटीएम से नकदी लेकर जितनी जल्दी संभव हो बाहर आयें। एटीएम से बाहर आते समय नकदी को न गिने।
- सुनसान स्थानों में एटीएम का प्रयोग करने से बचें, विशेष रूप से रात में।
- अपनी मासिक पेंशन पाने या सामाजिक सुरक्षा का चेक जमा करने के लिए सीधे बैंक जायें। प्रत्येक सप्ताह एक ही समय में बैंक में जाने की कोशिश नहीं करें।
- अपने बटुए, पैसे या क्रेडिट कार्ड को अंदर की जेब में रखें। बहुत सी नकदी एक साथ ले जाने से बचें।
- अपनी चेक बुक और क्रेडिट कार्ड अलग अलग स्थानों पर रखें। यह एक चोर के लिए चेक पर आपके हस्ताक्षर की नकल करने को मुश्किल बना देता है।
- किसी भी खरीदारी के बाद क्रेडिट कार्ड के बिल पर हस्ताक्षर करने से पहले सुनिश्चित करें कि कोई डुप्लिकेट या अतिरिक्त बिल तो नहीं बना है।
- बैंक में किसी भी अनजान व्यक्ति से संपर्क न करें। अपरिचित लोगों की सहायता को सहजता से स्वीकार न करें। किसी भी समस्या के लिए अधिकृत बैंक अधिकारी से ही संपर्क करें।

5

पहचान की चोरी रोकने की तकनीक

अपनी पहचान की सुरक्षा आज बहुत महत्वपूर्ण है। ऑनलाइन लेनदेन और क्रेडिट कार्ड के माध्यम से पहचान की चोरी एक प्रमुख विशय बन गई है। हर साल दुनिया भर में लगभग 500,000 से अधिक लोग इस अपराध के शिकार होते हैं। इसकी रोकथाम ही इससे बचने की सबसे अच्छी सुरक्षा है।

- किसी भी ऐसे दस्तावेज के प्रति सचेत रहें जिसमें निजी वित्तीय जानकारी है। यह आपके जीवन में पहचान चोरों को पैर जमाने की जगह दे सकता है।
- जब तक बिल न आये तब तक अपने क्रेडिट कार्ड से सभी चार्ज स्लिप की प्रतियां एक सुरक्षित स्थान पर रखें।
- बिल आने के बाद आप क्रेडिट कार्ड की रसीद, पुराने बैंक के बिल, चिकित्सा बिल, रोजमर्रा के बिल और पूर्व अनुमोदित क्रेडिट कार्ड के ऑफर सहित हर बिल का मिलान करें।

- अपने सभी क्रेडिट के आवेदन पर साफ साफ लिखें। लगातार सभी क्रेडिट और ऋण आवेदन पत्र में भरने के लिए, प्रथम, मध्य और अन्तिम पूरे नाम का उपयोग करें। आपके घर आने वाले हर बिल में आपको इसी प्रकार से संबोधित किया जाना चाहिए।
- अपने क्रेडिट खातों का निरन्तर निरीक्षण करें, कोइ बिल अगर नहीं है या अनधिकृत खरीदारी की गई है तो इससे आपको तुरन्त पता चल जाएगा।
- प्रयोग में न आने वाले अपने सभी क्रेडिट कार्ड को बंद करवा दें। उन्हें काटना पर्याप्त नहीं है।
- आप अपने साथ रखने वाले क्रेडिट कार्ड की संख्या सीमित रखें। जितने कम कार्ड आपके पास होंगे उन्हें ट्रैक करना उतना ही आसान होगा।
- अगर आप घर बदल रहें है अपने क्रेडिट कार्ड देने वालों से संपर्क करें और उन्हें तुरंत अपने नए पते के बारे में जानकारी दें। आप क्रेडिट कार्ड की जानकारी और नए क्रेडिट कार्ड गलत पते पर भेजना नहीं चाहेंगे।
- आपका क्रेडिट कार्ड समाप्त हो रहा है और आपको नया प्राप्त नहीं हुआ है, तो क्रेडिट कार्ड कंपनी को तुरंत काल करें।
- अगर कोई टेलीफोन पर आपसे अपने क्रेडिट कार्ड के नंबर की जानकारी मांग रहा है तो उसे ऐसी जानकारी ना दें।
- सुनिश्चित करें कि ऑनलाइन क्रेडिट कार्ड से शुल्क एक सुरक्षित साइट के माध्यम से या एक एन्क्रिप्टेड मोड में ही किया गया हो, यदि आप एक सुरक्षित साइट पर हैं, तो वेब पेज जिस पर आप अपने लेनदेन का संचालन सामान्य 'http' के बजाय 'https' के साथ शुरू होता है उसका पता चल जाएगा।
- केवल उन्हीं वेबसाइटों से खरीदारी करें जो गोपनीयता की नीति प्रदान करती हैं। उनसे जानिये कि कैसे वे आपकी व्यक्तिगत जानकारी को संभालते है। गोपनीयता की नीतियों, वारंटी, कीमत की गारंटी और अन्य महत्वपूर्ण जानकारियों का प्रिंट लीजिये।
- अपने पीछे खडे लोगों से चौकस रहें क्योंकि एटीएम और टेलीफोन बूथ पर, चोर उपयोगकर्ताओं द्वारा डायल किये गये नम्बरों देखने के लिए बहुत पास खड़े होते हैं।

6

गाड़ी चोरी कैसे रोकें

राष्ट्रीय स्तर पर वर्ष 2015 में चोरी के कुल दर्ज मामलों में वाहन चोरी की हिस्सेदारी 42.6 प्रतिशत (1,99,127) रही है। वाहन चोरी के सबसे अधिक मामले दिल्ली (32,729), जयपुर (5,113), एवं बैंगलूरू (5,075) में दर्ज किये गये। राष्ट्रीय स्तर पर प्रति वर्ष एक लाख की आबादी पर 15.8 मामले वाहन चोरी के दर्ज हुए। दिल्ली में कुल अपराध का लगभग 27 प्रतिशत ऑटोमोबाइल चोरी से संबंधित है। उचित पार्किंग की जगह इस को रोकने में एक लंबा रास्ता तय कर सकती हैं।

(Crime in India: 2015, P 29)

- अपने वाहनों में जीपीएस प्रणाली, गियर लॉक, स्टीयरिंग व्हील लॉक, सेंट्रल लॉकिंग सिस्टम, इग्निशन और फ्यूल कल ऑफ जरूर लगवायें।
- कार में एक अलार्म लगाये और जब भी आप कार से बाहर निकलें हर बार इसे सेट करें।
- अपने वाहन की नंबर प्लेट, विंडस्क्रीन और खिड़की के शीशे पर भी डलवायें।

- हमेशा अधिकृत पार्किंग क्षेत्र में ही अपनी कार पार्क करें।
- कभी भी पार्किंग अटेंडेंट को अपने वाहन की चाबी न सौंपें। इसे डुप्लीकेट चाबी बनाने के लिए इस्तेमाल किया जा सकता है।
- अपने वाहन को खड़ा करने से पहले सुनिश्चित करें कि पार्किंग क्षेत्र में कोई विस्फोटक तो नहीं है।
- जब रात में अपने घर के परिसर में अपने वाहन पार्किंग करें तो सुनिश्चित करें कि वह लॉक हो।
- अपने परिसर की दीवार के बाहर अपने वाहन पार्क ना करें।
- अगर आप एक अज्ञात वाहन को एक दिन या उससे अधिक समय के लिए एक निश्चित जगह पर खड़ा देखें तो स्थानीय पुलिस, कांस्टेबल या कंट्रोल रूम को सूचित करें।
- हमेशा एक पहचान वाले ड्राइवर को ही रखें और उसकी पहचान के दस्तावेज की एक प्रति आसानी से मिलने वाले दस्तावेजों में रखें।
- अगर आपका वाहन चोरी हो गया है तो जितनी जल्दी संभव हो स्थानीय पुलिस स्टेशन को सूचित करें। किसी भी प्रकार की देरी से अधिक अपराध किये जा सकते है तथा वाहन का पता लगाने में कठिनाई होती है।
- जब आप एक पुराना या प्रयोग किया हुआ वाहन खरीदते हैं तो इसकी पंजीकरण, इंजन और चेसिस संख्या की आरसी बुक (पंजीकरण का प्रमाण पत्र) से तुलना करें। वेबसाइट पर खोया और पाया वाहनों के डेटाबेस की जाँच जरूर करें।

7

बुजुर्गों की सुरक्षा के उपाय

भारत में बुजुर्गों की संख्या साल 2001 में 71 लाख से बढकर साल 2026 में 173 मिलियन होने की सम्भावना है। NCRB 2015 के आँकड़ों के अनुसार वर्ष 2015 में वरिष्ठ नागरिको के विरुद्ध 20,532 अपराध दर्ज किये गए। 2014 की तुलना में 9.7 प्रतिशत की वृद्धि हुई है। (Crime in India: 2015, P No 177)

एकल परिवारों के बढ़ती प्रवृति, उचित सामाजिक सुरक्षा के मानदण्डों की कमी, शहरों की आपाधापी, अलगाव की भावना और स्वार्थों की वजह से, शहरों में वरिष्ठ नागरिक अपने घरों में ही नहीं बल्कि सड़कों पर भी अपराध की चपेट में आ रहे है।

- अपने घर में खतरे की एक घंटी लगवायें जिसे पड़ोसी के घर से जोड़ कर रखें।
- महत्वपूर्ण टेलीफोन नंबरों को आसानी से मिलने वाले स्थान पर रखें। उन्हें अपने मोबाइल में या घर में कुछ सुरक्षित जगहों पर रखें।
- अपने नौकरों का पुलिस सत्यापन सुनिश्चित करें। केवल उन्हीं लोगों को काम पर रखें जिनकी सिफारिश रेज़िडेन्स वैल्फेयर एसोसिएशन द्वारा की गई हो।

- स्थानीय पुलिस द्वारा Senior Citizens के लिए प्रदान की जानेवाली सुविधाओं का लाभ उठायें।
- पुलिस की वेबसाइट पर अपने आपको Register करें और सुरक्षा संबंधी Mobile App को भी डाउनलोड करें।
- गश्त अधिकारी के साथ संपर्क में रहें।
- घर के बाहर अपनी गतिविधियों को हर किसी के साथ साझा न करें। यह जरूरत और जानकारी के आधार पर साझा किया जाना चाहिए।
- अपने घर के मुख्य द्वार को मैजिक आई और दरवाजे की सुरक्षा चेन से सुरक्षित बनायें।
- खिड़कियां, दरवाजे, एयर कंडीशनर और कूलर को सुरक्षित रखने के लिये मजबूत लोहे की ग्रिल का प्रयोग करें।
- सत्यापन के बिना ड्राइवरों और नौकरों को काम पर ना रखें।
- जब बैंक से पैसे निकालना हो तो हमेशा किसी विश्वसनीय आदमी को अपने साथ लें।
- घर में बहुत अधिक नकदी या कीमती सामान को न रखें।
- व्यक्ति को पहचानने के बाद ही दरवाजा खोलें। सुनिश्चित करें कि वह आपकी पुकार का जवाब दे।
- टेलीफोन के माध्यम से बेचे जाने वाले उत्पादों के फोन को न सुनें। आप उन्हें काट सकते हैं, यह अशिश्टता नहीं है बल्कि खुद को सुरक्षित बनाना है!
- जो व्यक्ति आप को काल कर रहा हो उसे आप अपना क्रेडिट कार्ड या बैंक खाता नंबर न दें भले ही वे कहें कि वे बैंक से बात कर रहे हैं।
- अगर कोई अजनबी आपके बैंक खाते से पैसा निकालने में आपकी मदद करना चाहता है तो उसकी मदद न लें। एक चोर बैंक कर्मचारी होने का नाटक करके बैंक टेलर जांचने के लिये पैसे निकालने के लिए आप से पूछताछ कर सकता है। कोई भी बैंक अपने कर्मचारियों से इस तरह की कारवाई नहीं करवाता।
- कोई भी सौदा जो कि बहुत अच्छा लग सकता है, सच हो सकता है लेकिन अक्सर इसमें ठगी की गुजांईश भी हो सकती है ऐसे लोगों से सावधान रहें जो ऐसे वादे के साथ आपसे बड़ी रकम मांगते है कि बाद में आपको इससे अधिक पैसे मिल जाएगे। किसी कम्पनी के साथ किसी भी तरह का व्यापार करने से पहले उस कम्पनी के रिकार्ड की जाँच और जानकारी के लिए अपने स्थानीय 'Better Business Bureau' से सम्पर्क करें ।
- जो लोग घर की मरम्मत के काम की तलाश में घर घर जाते हैं उनसे सावधान रहें। वे ऐसा करने के लिए प्रशिक्षित नहीं होते हैं और वह इस काम के लिये ज्यादा पैसे भी ले सकते हैं। इस काम के लिए मित्रों और परिवार से जानकारी लें। हमेशा जो काम आप कराना चाहते हैं उसके बारे में बहुत स्पष्ट रहे। कभी भी पूरे काम के लिए अग्रिम रूप से भुगतान नहीं करें।

कानून के तहत बुजुर्गों के लिए सुरक्षा उपाय

माता–पिता को उचित कानूनी प्रक्रिया के बिना एक घर से बेदखल नहीं किया जा सकता।

Code of Criminal Procedure (CrPC) की धारा 125 के तहत, एक व्यक्ति जिसके पास अपने गुज़ारे के लायक पर्याप्त साधन नहीं है वह अपने बच्चों से रखरखाव का दावा कर सकते हैं।

यदि एक वरिष्ठ नागरिक जो खुद का ध्यान रखने में असमर्थ है उसके बच्चे या रिश्तेदार उनका ध्यान रखने के लिए मना करते हैं तो Maintenance and Welfare of Parents और Senior Citizens Act, 2007 के तहत उन्हें एक मासिक भत्ता देने का आदेश दिया जा सकता है।

Hindu Adoptions and Maintenance Act अधिनियम में कहा गया है कि वृद्ध माता–पिता अपने बच्चों से रखरखाव की मांग कर सकते हैं।

घरेलू हिंसा कानून के अधिकार के अनुसार माता–पिता किसी भी प्रकार की हिंसा के खिलाफ राहत पाने की मदद मांग सकते हैं।

भारत के संविधान के अनुच्छेद 41 के प्रावधानों और विभिन्न संयुक्त राष्ट्र समर्थित अंतरराष्ट्रीय समझौतों के आधार पर जनवरी 1999 में वृद्धजनों पर राष्ट्रीय नीति (NDOP) की घोषणा की गई थी। जिसके अनुसार वृद्धजनों पर राष्ट्रीय नीति के तहत वित्तीय, स्वास्थ्य के क्षेत्र,

पोषण, आवास, शिक्षा, कल्याण जीवन और संपत्ति की सुरक्षा जैसे विभिन्न क्षेत्रों में हस्तक्षेप किया जा सकता है। वृद्धजनों के लिए राष्ट्रीय परिषद (NCOP) का गठन (NDOP) को संचालित करने के लिए किया गया है।

(स्रोतः Rising Crime against Elderly Persons and Responsibility of Police in Metros: Project report submitted to the Bureau of Police Researech and Development, September 2009)

8

नौकरों से संबंधित अपराधों की रोकथाम

हमारे शहरों में घरेलू नौकर एक महत्वपूर्ण सेवा प्रदाता है। लेकिन, कुछ समय सें उनमें से कई अपने मालिक के घर पर अपराध, डकैती और हत्या जैसे अपराधों में पकड़े गये है। नौकरों से संबंधित मामलों की जांच करने से पता चलता है कि वे अक्सर बिना जांच पडताल के ही काम पर रखे जाते है।

- अपने इलाके में गश्त पर रहने वाले कांस्टेबल या पुलिस के साथ अपने नौकरों के बारे में जाँच करें। जो नौकर खुद की जांच पडताल के लिए अनिच्छुक है उनके इरादे खतरनाक हो सकते है।
- एक घरेलू नौकर को रोजगार देने से पहले दो संदर्भ या सिफारिश प्राप्त करें।
- हमेशा किसी एक पंजीकृत एजेंसी या किसी जानने वाले के माध्यम से ही एक नौकर को रखें और उसे उसकी सिफारिश करने वाले के विवरण की जांच करें।

- अपने नौकर के घर के पते पर एक मनीऑर्डर भेज कर उसके स्थायी पते को भी सत्यापित किया जा सकता है।
- मदद के लिये घरेलू नौकर के रिश्तेदारों और उसके काम के पिछले स्थानों के नाम, पते और टेलीफोन नंबर पता करें।
- अपने घरेलू नौकर की एक तस्वीर और अन्य विवरण अपने पास रखें।
- नौकरों के सामने आभूषण और नकदी और इस तरह के कीमती सामान न निकाले और न ही इनके रखने की जगह की चर्चा करें।
- उनकी गतिविधियों का औचक निरीक्षण करते रहे विशेष रूप में रसोईघर में।
- नौकर के साथ दुर्व्यवहार नहीं करें।
- एक नौकर जिसे बाहर निकाला जा चुका है उसे फिर से रखने से पहले दो बार सोचें।

9

घर को चोरी और सेंध लगने से बचाना

राष्ट्रीय अपराध रिकार्ड ब्यूरो के अनुसार वर्ष 2015 में चोरी, डकैती, लूटपाट एवं सेंध लगने के 6,25,279 मामले दर्ज किये गये। इनमें अपराधों को Resident Welfare Associations और स्थानीय पुलिस के साथ सामूहिक उपायों को अपना कर रोका जा सकता था, इस तरह के अपराधों को रोकने के लिये निवासियों द्वारा खुद किये जाने वाले उपायों से बेहतर मदद मिल सकती हैं।

(Crime In India: 2015, p 27)

- घर में नकदी और आभूषण ना रखें, खासकर तब जब इसकी सुरक्षा के लिए घर में कोई मौजूद न हो।
- रिकॉर्डिंग की सुविधा के साथ अपने घर में इलेक्ट्रॉनिक निगरानी प्रणाली स्थापित करें।
- अलार्म, सीसीटीवी और दरवाजों के कैमरे एक अदृश्य पुलिसकर्मी का काम करते हैं।

- अपने घर को स्टील ग्रिल के साथ सुरक्षित करें। खिड़की के फ्रेम में ग्रिल पेंच से लगवाने के स्थान को सीमेंट से लॉक करना सुनिश्चित करें। एयर कंडीशनर के लिये एक अतिरिक्त ग्रिल भी लगवायें।
- मुख्य दरवाजे के बाहर एक धातु की ग्रिल या सिमटने वाला (कैंची स्टाईल वाला) गेट लगवायें। यह आपको सामने आये बिना ही खतरों को उजागर करेगा।
- अपने मुख्य दरवाजे को हमेशा बन्द रखें, यहाँ तक कि दिन में भी और इसे मैजिक आई व डोर सेफ्टी चेन से सुरक्षित रखें।
- सुनिश्चित करें कि घर को छोड़ने से ठीक पहले आपने खिड़कियों और दरवाजों को ठीक से बंद किया है।
- अजनबियों को अपनी यात्रा की योजना के बारे में न बतायें न ही "आप छुट्टी पर हैं" का एक संदेश रिकॉर्ड करके अपनी आंसरिंग मशीन पर छोड़ें।
- रेजिडेंट वेलफेयर एसोसिएसन के माध्यम से दिन और रात के दौरान क्षेत्र में गार्ड तैनात किया जाना चाहिए।
- अपने पड़ोसियों को पहचानिये जिससे आप आसानी से एक अजनबी और पड़ौसी की पहचान कर सकते हैं। अगर आप एक लंबे या छोटे समय के लिए घर से दूर होने की योजना बना रहे हैं तो उन्हें सूचित जरूर करें।
- आँख बंद करके दरवाजा नहीं खोलें। अपने घर में आने की अनुमति देने से पहले व्यक्ति को पहचानने की कोशिश करें। जब आप अकेले हैं और आपको उसे अन्दर बुलाना जरूरी हो तो आप, चौकीदार या किसी एक पड़ोसी को जब तक काम पूरा न हो जाये आसपास रहने के लिए कहें।
- पालतू कुत्तों को रखने की कोशिश करें, वह घर की रखवाली अच्छी तरह से करते हैं।
- जब भी आप घर बदलते है और एक नए घर में जाते हैं, मुख्य द्वार और पीछे के दरवाजों के ताले बदल दीजिये।
- सुनिश्चित करें आपके कीमती सामान मोबाइल फोन और कलाई घड़ियां बाहर से दिखाई ना दें।
- अपनी अलमारी जिनमें आप अपना कीमती सामान रखते हैं, उसकी चाबी सुविधाजनक स्थानों जैसे दरवाजे के पायदान के नीचे या गुलदस्तों (फूलदान) में ना रखें।
- अपने घर में मरम्मत, चीजें बेचने या मीटर रीडिंग के बहाने आने वाले व्यक्तियों से सावधान रहें।

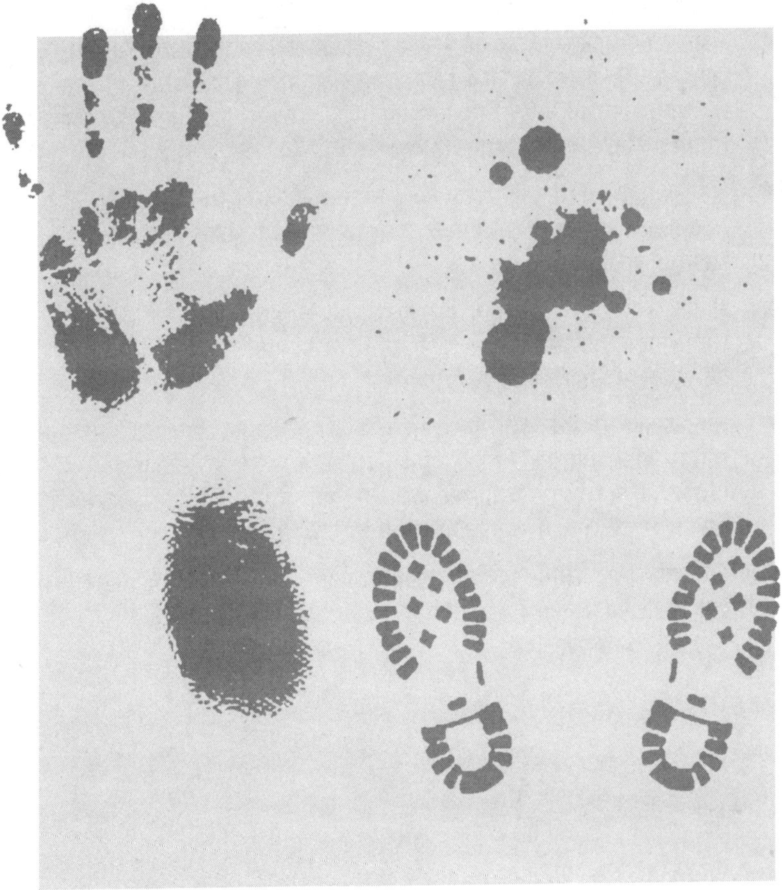

- अगर आपके घर में चोरी हो गई है, तो पुलिस के आने का इंतजार करे और चीजों के साथ छेड़ छाड़ ना करें, अन्यथा इस तरह के उंगलियों के निशान, पैरों के निशान और अन्य रूप में बने सबूत खराब हो सकते हैं।
- जब आप कहीं बाहर जायें तो अंदर कम से कम एक लाइट यह जाहिर करने के लिये जलती रखें कि घर खाली नहीं है, और रात में घर के बाहर रोशनी रखें।
- रोशनी को नियंत्रित करने के लिये बाजार में टाइमर उपलब्ध हैं। अगर आप कुछ दिनों के लिए घर से बाहर जाने की योजना बना रहे हैं, तो इस तरह के उपकरणों का उपयोग करें।

- महानगरों में पुलिस जनता के लिए निः शुल्क सेवा प्रदान करती हैं। जब आप शहर से बाहर जा रहे हैं, आप अपनी अनुपस्थिति की अवधि के बारे में स्थानीय स्टेशन को सूचित कर सकते हैं। गश्त पर रहने वाला कांस्टेबल नियमित रूप से इसका ध्यान रखेगा।
- अपने समुदाय में रात की गश्त का आयोजन कीजिये। Resident Welfare Association के माध्यम से सम्पर्क करने पर स्थानीय पुलिस आप की सहायता करेगी।
- आपके क्षेत्र में गश्त पर रहने वाले कांस्टेबल के साथ संपर्क रखें और उन्हें छोटी–मोटी घटनाओं के बारे में भी सूचित करें। यह भविष्य में बड़े अपराधों को रोकने में सहायक साबित होगा।
- अपने इलाके में होने वाली किसी भी गतिविधि जैसे जुआ, पायरेटेड/अश्लील साहित्य सीडी वितरण, नशीली दवाओं या अवैध खरीद फरोख्त जैसे गतिविधियों को बिना किसी देरी के पुलिस को बतायें। किसी भी प्रकार की झिझक आपके क्षेत्र में आपराधिक तत्वों को बढावा देगी।
- याद रखें, आप प्रलोभन को जितना कम करेंगें उतना ही चोरी के खतरे को कम किया जा सकता है।

10

क़ीमती सामान को सुरक्षित रखना

आपके गहने और महत्वपूर्ण दस्तावेज, विशेष रूप से आपके फिक्स्ड डिपॉजिट, संपत्ति, विरासत में मिली संबंधित वस्तुयें सबसे अधिक मूल्यवान होते हैं और इन्हें सुरक्षित रखना जरूरी होता है। जो लोग लापरवाही करते है अक्सर उन्हें सारा जीवन भारी नुकसान उठाना पड़ता है!

- अपने गहने, महत्वपूर्ण दस्तावेज और अन्य कीमती सामान को बैंक के लॉकर में रखें। जब बहुत जरूरी हो तभी उन्हें घर ले कर आइये।
- पार्किंग में खड़े दोपहिया वाहनों के बॉक्स में कीमती सामान या पैसे न रखें।
- सार्वजनिक वाहनों से यात्रा करते समय महिलाओं को अपने गर्दन के आभूशणों को छुपा के रखना चाहिए।

- जब आप नकदी निकाल कर बैंक से बाहर आ रहे हों या आप गहनो की खरीदारी करके दुकान के बाहर आ रहे हैं तो उन लोगों से सावधान रहें जो आपका ध्यान बंटाने की कोशिश करने के लिये आपके साथी पर गंदगी होने का इशारा करते हैं या आपके ऊपर सुपारी थूकते है या सड़क पर पैसा फेंकते है।
- सार्वजनिक वाहन से यात्रा करते समय अपना कीमती सामान और पैसा सुरक्षित रूप से रखें जिससे यह किसी की भी पहुँच से दूर रहें।
- सार्वजनिक वाहन से यात्रा करते समय मददगारों और अश्लील हरकत करने वाले लोगों से बचें। ये ध्यान बंटाने की आम रणनीति होती हैं।
- अधिक नकदी या कीमती सामान को ले जाने के लिये भीड़–भाड़ वाले सार्वजनिक वाहनों का उपयोग न करें, यही सुरक्षित रहने का तरीका है।

11

साइबर अपराध को रोकने के उपाय

इंटरनेट और आईटी से संबंधित अन्य सेवाओं के व्यापक उपयोग की वजह से साइबर अपराध हो रहे हैं। यह अपराध कई प्रकार के हो सकते हैं जैसे दस्तावेजों के साथ छेड़छाड़ कंप्यूटर को हैक करके गोपनीयता का उल्लंघन करना आदि। वर्ष 2015 में कुल 11,592 मामले दर्ज किये गये हैं जबकि इसकी तुलना में 2014 में 9,622 केस दर्ज हुये, इस प्रकार वर्ष 2015 में साईबर अपराधों में 20.5 प्रतिशत की वृद्धि दर्ज की गई है।

(Crime in India, 2015, P 164)

- ऐसी ई–मेल से बचें जो यह दावा करें, कि आपके खाते में बडी धनराशि जमा की जा रही है, या आपने एक लॉटरी में या किसी प्रतियोगिता में नकद पुरस्कार जीता है, जिसमें आपने कभी भाग ही नहीं लिया, या फिर विदेश में रह रहे अज्ञात व्यक्ति द्वारा आपके लिये विदेश में नौकरी या कमीशन के आधार पर एक अंशकालिक नौकरी की व्यवस्था की गई है।
- अज्ञात व्यक्तियों को पैसा नहीं भेजना चाहिये न ही उन्हें वित्तीय लेन–देन में उपयोग हाने वाला नाम व पासवर्ड देना चाहिये।

- साइबर अपराध में वह लोग जल्दी फंस जाते है जो भोलेपन में चोरों को अपने बारे में बहुत ज्यादा जानकारी दे देते हैं। व्यक्तिगत जानकारी देने से बचें।
- कुछ भी ऐसा, जो परेशानी में डालने वाला हो या डराने वाला हो तो उस पर ध्यान दें। पुलिस को अपराधी को पकड़ने में मदद करने के लिये सभी दस्तावेज उपलब्ध करायें।
- अगर अपराधी (पीछा करने वाला) पहचान वाला है, तो उसे रोकने एवं दोबारा ऐसा न करने के लिये एक स्पष्ट लिखित चेतावनी भेजें।
- इस प्रकार की बातचीत को इलेक्ट्रानिक और कागजी दस्तावेजों में सुरक्षित कर लें।
- पीछा करने वाले के सभी इलेक्ट्रानिक और कागजी दस्तावेजों के साक्ष्यों को इकट्ठा करें।
- अगर साइबर से आपका पीछा निरन्तर जारी है तो इन्टरनेट सर्विस प्रदाता (आई एस पी) से इसकी शिकायत करें।
- आपकी बिना आज्ञा के अगर कोई आपके नाम, सामाजिक सुरक्षा क्रमांक या क्रेडिट कार्ड का प्रयोग करता है तो यह एक अपराध है। इसे पहचान की चोरी माना जाता है।
- इंटरनेट के माध्यम से आनलाइन हैकर आपके कम्प्यूटर, व्यक्तिगत जानकारी और वित्तीय जानकारी तक पहुंच सकते है। आप इस प्रकार के अपराध को निम्न प्रकार से रोक सकते हैं–
    - जिन इ–मेल पर आपकी व्यक्तिगत जानकारी मांगी जा रही हो उनका जवाब न दें।
    - आनलाइन खरीदारी करते समय सचेत रहें। (पता, टेलीफोन नंबर पर ध्यान दें, टेलीफोन नंबर पर काल करके देख सकते हैं कि नंबर काम कर रहा है अथवा नहीं, केवल उन्ही कम्पनी के वेबसाइट का प्रयोग करें जिनपर अपको विश्वास हो)
    - Anti-virus और anti-spyware software के प्रयोग से अपने कम्प्यूटर की सुरक्षा को अप–टू–डेट रखें।
    - अपने कम्प्यूटर को firewall की मदद से सुरक्षित रखें। अगर आपको मदद की जरूरत हो तो जो व्यक्ति कम्प्यूटर की जानकारी रखता हो उससे जानकारी हासिल करें।
    - अपने कम्पयूटर को पासवर्ड की मदद से सुरक्षित बनायें।

12

जालसाजी से बचने के तरीके

फिशिंग एक आपराधिक और जालसाज़ी की ऐसी गतिविधि है जिसमें संवेदनशील जानकारी को चुराया जाता है। इसमें धोखे से इलेक्ट्रॉनिक संचार के एक भरोसेमंद साइट के रूप किसी की संवेदनशील जानकारी जैसे, उपयोगकर्ता नाम, पासवर्ड और क्रेडिट कार्ड के विवरण आदि प्राप्त की जाती है। ज्यादातर ऑनलाइन बैंक इसका शिकार बनते हैं। फिशिंग के लिये आमतौर पर ई–मेल या त्वरित संदेश का प्रयोग किया जाता है अक्सर निर्देशों के माध्यम से उपयोगकर्ता से एक वेबसाइट पर पूरा विवरण दर्ज करवाया जाता है और कई बार टेलीफोन का इस्तेमाल भी किया जाता है।

- यदि आपको बैंकिंग संस्थाओं से आपके खाते के विवरण दर्ज करने के लिए ई–मेल प्राप्त होती है तो उनका जवाब न दें। आपके बैंक में पहले से ही अपने विवरण जमा है और उन्हें इसकी दोबारा जरूरत नहीं होती।

- उन ई–मेल का जवाब न दे जिन्हें देखकर लगता है वो आपके बैंक से भेजा गया है। इन ई–मेल में किए गए दावें कुछ इस प्रकार हो सकते है– आपको एक धनराशी वापस प्राप्त हो रही हैं, बैंक आपको धोखाधड़ी से बचाने के लिए कोशिश कर रहा है जिसके लिये कुछ सुरक्षा और रखरखाव से आपके अकाउंट को अपडेट करने की जरूरत है।
- अगर आपको इस तरह के ई–मेल प्राप्त होते हैं, तो हमेशा सीधे अपने बैंक के साथ जाँच करें या ग्राहक सेवा प्रतिनिधि से बात करें।
- अगर आपको संदेह कि जिस वेबसाईट पर आप हैं वह आधिकारिक नहीं है, तो उसमें अपने क्रेडिट कार्ड का विवरण और पासवर्ड दर्ज न करें।
- अगर आप अपने बैंक का यूआरएल खुद टाइप करते है तो यह अपने आप में एक अच्छी आदत है यदि यूआरएल को याद करना मुश्किल है तो इसे बुकमार्क कर लें।
- अन्य वेबसाइट या ई–मेल से बैंकिंग वेबसाइट का लिंक का प्रयोग न करें।
- किसी भी वेब पेज पर अपनी प्रवेश जानकारी प्रदान के पहले वेबसाइट के यूआरएल की जाँच करें। जालसाज़ मूल वेबसाइटों के यूआरएल से मिलती जुलती फर्जी वेबसाइट बना लेते हैं।
- अगर किसी को आप नहीं जानते या जिस पर आपको विश्वास नहीं है, उसे अपने खाते, पासवर्ड या क्रेडिट कार्ड का विवरण न दें।
- नियमित रूप से अपने खाते में लॉगइन करें और अपने लेनदेन की जांच करे।
- अपने खाते के विवरण या पासवर्ड ई–मेल पर किसी को भी ना भेजें यहां तक कि अपने परिवार के सदस्यों को भी नहीं।
- यदि आपको कोई ई–मेल प्राप्त हुई है जिसमें आपका नाम सही है या नहीं इसकी जाँच कर लें। यदि आपके नाम की वर्तनी यानि स्पेलिंग गलत है तो इसे मत खोलें। ऐसा धोखेबाज आपके ई–मेल पते से आपका नाम पता लगाने की कोशिश करते हैं।

संवेदनशील जानकारी का खुलासा करते समय ध्यान रखने योग्य बातें

अभिषेक (Victim) को एचडीएफसी बैंक से एक नकली ई–मेल मिला कि उसके खाते को अपडेट करने की जरूरत है। अभिषेक (ऐसा कभी नहीं करना चाहिये!) ई–मेल में दिए गए लिंक पर क्लिक करते हैं तो उन्हें नकली एचडीएफसी बैंक पृष्ठ पर पुनः निर्देशित कर दिया गया। पेज एचडीएफसी बैंक के पृष्ठ के समान था, शिकार ने उपयोगकर्ता नाम और पासवर्ड के साथ सभी विवरण जैसा कि उसमे पूछा गया था भर दिया। दस मिनट की अवधि के भीतर, छह लेन–देन में कुछ अज्ञात व्यक्तियों द्वारा उसके खाते से 505,000 रुपये निकाल लिये गये। इस राशि को भारत भर में एचडीएफसी शाखाओं में विभिन्न खातों में स्थानांतरित किया गया था।

अभिषेक ने इस कठिन तरीके से सीखा की कोई भी वित्तीय संस्था कभी भी किसी संवेदनशील जानकारी लेने के लिए ग्राहक से आग्रह नहीं करती।

13

स्पैम मेल के चेतावनी संकेत

आज बहुत से लोग इंटरनेट और साइबर कैफे का उपयोग कर रहें है और स्पैम ई–मेल के शिकार हो रहे हैं। इसका काम करने का ढंग इतना विश्वसनीय है कि कोई भी इसके जाल में फंस सकता है।

- ऐसी इ–मेल से खबरदार रहें जो आपको लाखों डॉलर का हस्तांतरण करने का वादा करती हैं। वे कुछ इस तरह से होगी – दुनियाभर में छह अरब लोगों में से आप अकेले एक भाग्यशाली व्यक्ति है, आप भाग्यशाली ...!
- ई–मेल आमतौर पर तत्काल, टॉप सीक्रेट या अत्यधिक गोपनीय के तौर पर मार्क होती है जिसमें तुरंत कार्रवाई करने पर ज़ोर दिया जाता है। आम तौर ये काफ़ी कम वक्त में कारवाई पर ज़ोर देते हैं।

- इसके लिये आपका विश्वास हासिल करने के लिये एक निर्वासित गणमान्य अतिथि, कैबिनेट के सदस्य, सीईओ, सीएफओ, वकील, डॉक्टर या एक महत्वपूर्ण व्यक्ति होने का दावा किया जाता है। इन संदेशों को आम तौर पर एक मुफ्त ई–मेल सेवा के माध्यम से भेजा जाता है।
- भेजने वाला दावा करता है कि इंटरनेट पर एक निजी शोध के दौरान या एक अज्ञात दोस्त से जो एक बार राजनयिक मिशन पर गया था या किसी अन्य स्रोत से उसने आपका ई–मेल पता प्राप्त किया है।
- प्रस्ताव इस प्रकार होता है, कि एक अनुबंध के आधार पर लाखों का भुगतान किया जाना है/शाही पैसे या पूंजी एक विदेशी सरकार द्वारा जब्त की जा रही है, या खानदानी संपत्ति, सोने या हीरे जिन्हें तुरन्त कहीं हटाने की जरूरत है वरना ये चीजें हमेशा के लिए खत्म हो जाएगीं।
- संदेश देने वाला संकट के समय में एक ईमानदार विदेशी पार्टनर से मदद मांगता है, जैसे कि उसके अपने देश में कोई भी मौजूद नहीं है या उसके देश में पाया नहीं जा सकता है।
- संदेश में कहा जाता है कि वे एक अज्ञात सुरक्षा कंपनी के साथ या सेंट्रल बैंक किसी अन्य देश के साथ काम कर रहे हैं।
- इस अनुरोध में आम तौर पर आप से व्यक्तिगत जानकारी के लिये अनुरोध किया जाता जैसे कि अपना पूरा नाम, बैंक खाते की जानकारी और मार्ग संख्या, घर या व्यापार टेलीफोन और फैक्स नंबर या आपके लेटरहेड की एक प्रति मांगी जाती है।
- अज्ञात व्यक्तियों से प्राप्त मेल में ऊपर पर लिखी बातों जैसा कुछ भी दिखता है तो इसके लिये सबसे बहेतर सुझाव है कि इस तरह की किसी भी मेल को डिलीट कर दिया जाये।
- ऐसे mail को Service Provide के email जैसे abuse@yahoo.com, abuse@hotmail.com आदि पर भेजा जा सकता है।
- इसी तरह, आप मेल को जंक करने से पहले आप इसे स्थानीय पुलिस की ई–मेल आईडी पर भेज सकते हैं।

14

पासवर्ड कैसे सुरक्षित रखें

साइबर दुनिया में आपका पासवर्ड अत्यन्त महत्वपूर्ण है। इसे इतना आसान होना चाहिये कि आप इसे सरलता से याद रख सकें और कहीं भी इसे लिखने की जरूरत नहीं पड़े। इसे याद रखकर आप यह भी सुनिश्चित कर सकते हैं कि और कोई आपका पासवर्ड नहीं जान सके।

- ध्यान रखें कि आपका पासवर्ड आपके कंप्यूटर में और आपके ऑनलाइन खातों में संरक्षित मूल्यवान व्यक्तिगत जानकारी की रक्षा करने का राज़ है।
- कभी किसी के साथ अपने पासवर्ड को साझा न करें।
- कागज़ के किसी टुकड़े पर अपना पासवर्ड न लिखें ना ही इसे ई–मेल के माध्यम से भेज कर या टेलीफोन पर किसी के साथ साझा करें।

- अपना पासवर्ड नियमित रूप से बदलें।
- आउटलुक, ब्राउजर, मैसेंजर आदि के लिये पासवर्ड रिमेम्बर की सुविधा वाला विकल्प ना चुनें।
- दूसरों के सामने पासवर्ड टाइप करने से बचें।
- हमेशा अलग लॉगिन के लिए अलग–अलग पासवर्ड का उपयोग करें।
- मिले–जुले अक्षर के आधार पर पासवर्ड का उपयोग करें (उदाहरण के लिए, AaBb) बीच या अंत में बड़े अक्षरो का उपयोग करें, न कि एकदम शुरुआत में।
- सुनिश्चित करें कि आपका पासवर्ड याद रखने में आसान है, तो आपको इसे लिखने की जरूरत नहीं होगी।
- एक ऐसा पासवर्ड इस्तेमाल करें जिसे आप की–बोर्ड पर देखे बिना ही जल्दी से टाइप कर सकते हों। इससे किसी भी व्यक्ति के लिये आपके झाँककर पासवर्ड चोरी करना मुश्किल हो जाता है।
- अपने पासवर्ड को एक ई–मेल में या टेलीफोन पर किसी के भी सामने यहां तक कि परिवार के सदस्यों के सामने भी नहीं बतायें।
- दूसरों के सामने अपने पासवर्ड के बारे में बात मत करें।

15

बच्चों के लिए साइबर सुरक्षा

अपने बच्चों को ऑनलाइन लुभावने खतरों के बारे में शिक्षित करने के लिए इंटरनेट सबसे प्रभावी तरीका है। बच्चों का भोलापन और जल्द भरोसा करने की प्रकृति उन्हें इंटरनेट के खतरों जैसे बदमाशी, उत्पीड़न, अश्लील साहित्य, सूचना की चोरी और वित्तीय धोखाधड़ी का एक आसान लक्ष्य बना सकती हैं।

- इंटरनेट के उपयोग के लिए नियम निर्धारित करें। घंटे और समय सीमित करें जिस समय वे ऑनलाइन हो सकते हैं।
- अपने कंप्यूटर में वाणिज्यिक और मुफ्त दोनों सॉफ्टवेयर रखें जो कंप्यूटर के लिए एक सुरक्षा प्रणाली बनाते हैं।
- घर में कंप्यूटर एकांत में न रखे उसे लिविंग रूम जैसे कमरे में रखें।

- अपने बच्चों को प्रोत्साहित करें कि यदि उसे कोई ऑनलाइन धमकी दे रहा है, डरा रहा है या उससे वे असहज हो रहें हैं तो वे आपको तुरंत सूचित करें।
- अपने बच्चों को बताइये कि वे जो कुछ भी इंटरनेट पर पढ़ रहे हैं वह हमेशा सही और विश्वसनीय नहीं होता है। इसलिए सावधानी बरतें।
- उन्हें बताइये कि जब वे चैट रूम में हों तो सावधान रहें और किसी भी परिस्थिति में वयस्कों के चैट रूम से दूर रहें।
- उन्हें हिदायत दें कि वह सुनिश्चित करें कि जब वे इंटरनेट कनेक्शन का उपयोग कर रहें हो तो फायरवॉल सॉफ्टवेयर हमेशा चल रहा हो। किसी भी परिस्थिति में इसे बंद नहीं किया जाना चाहिए।
- अपने बच्चों को हिदायत दें कि ऑनलाइन अपने या अपने मित्रों के नाम, पते, टेलीफोन नंबर, स्कूल के नाम या अन्य व्यक्तिगत जानकारी किसी को भी ना दें।
- उन्हें चेतावनी दें कि वे आपकी अनुमति के बिना किसी को भी अपनी, अपने माता–पिता या अपने दोस्तों की तस्वीरें नहीं भेजें।
- उन्हें आपकी इज़ाजत के बिना ऑनलाइन कोई फार्म या प्रश्नावली भरने की अनुमति न दें।
- उन्हें बताइये जो वेबसाइट सर्फिंग के लिये पैसे लेती है उनकी सेवाएं आपकी अनुमति के बिना ना लें।

अपने बच्चे को ई–मेल अपराधों का शिकार बनने से कैसे बचा सकते हैं

- बच्चे को विश्वास में लें, और जहाँ से आपत्तिजनक ई–मेल प्राप्त कर रहे हैं उस ई–मेल आईडी की जानकारी प्राप्त करें।
- ई–मेल को सेव करें उन्हे इनबॉक्स से नश्ट नहीं करें। यह एक सामान्य आदत होती है कि इस तरह की ई–मेल मिलते ही उसे तुरंत नष्ट कर दिया जाता है।
- आई एस पी सामान्य तौर पर बहुत ही कम अवधि की लाग सूचना को संरक्षित करता है, जो पंद्रह दिनों से दो महीने के लिए अलग–अलग हो सकती हैं। इसलिए, पुलिस के पास जाने में देरी नहीं करनी चाहिये। देरी के फलस्वरूप साक्ष्य खो सकते है।
- पुलिस को शिकायत करते समय पूर्ण शीर्षक के साथ ई–मेल प्रिंटआउट दें। अज्ञात ई–मेल आईडी का जवाब नहीं दें।

अभद्र ई–मेल से कैसे बचें

- विभिन्न सेवा प्रदाता व्यक्तिगत प्रोफाइल के निर्माण की अनुमति देते है, लेकिन असामाजिक तत्व इसका दुरुपयोग कर सकते हैं, खासकर अगर एक महिला की राय एक पुरुष मित्र की राय से गलतफहमी हो जाये। पुरुष मित्र या उसके दोस्त महिला की अश्लील प्रोफाइल बना कर टेलीफोन नंबर के साथ–साथ ऐसी वेबसाइटों पर पोस्ट कर देते हैं। लड़की को दुनिया भर से अश्लील और परेशान करने वाली टेलीफोन कॉल प्राप्त हो सकती है। ऐसे मामलो में, जो लोग प्रोफाइल की आईडी की पहचान कर सकते है उनके साथ पूछताछ करके इसे वेबसाइट व्यवस्थापक से अनुरोध करके हटाया जा सकता है।
- इस तरह के प्रोफाइल का एक प्रिंटआउट लें और तुरन्त पुलिस के पास जमा करें।
- सेवा प्रदाता अनिवार्य अवधि के लिए ही रिकॉर्ड रखते हैं। यदि आपत्तिजनक एमएमएस क्लिपिंग प्राप्त हो रही है, तो पुलिस/साइबर अपराध जांच सेल से तुरंत संपर्क करें।
- जो भी अश्लील या अभद्र संदेश देता है वह एक अपराध करता है। उदाहरण के लिए यदि, ए, बी को और बी सी को संदेश फारवर्ड करता है तो ए और बी दोनों ही एक अपराध कर रहे है। इसलिए कोई भी अभद्र संदेश फारवर्ड नहीं करना चाहिये।

माता पिता के लिए ध्यान देने योग्य बातें

- आपका बच्चा कितना समय इंटरनेट पर व्यतीत करता है, खासकर देर रात में।
- आपका बच्चा अपनी ऑनलाइन गतिविधियों के बारे में गोपनीय या बचाव की मुद्रा में आ रहा है और आपके कमरे में प्रवेश करते ही जल्दी से स्क्रीन बदल देता है।
- अपने टेलीफोन/इंटरनेट बिल के असामान्य प्रभार पर ध्यान दें।

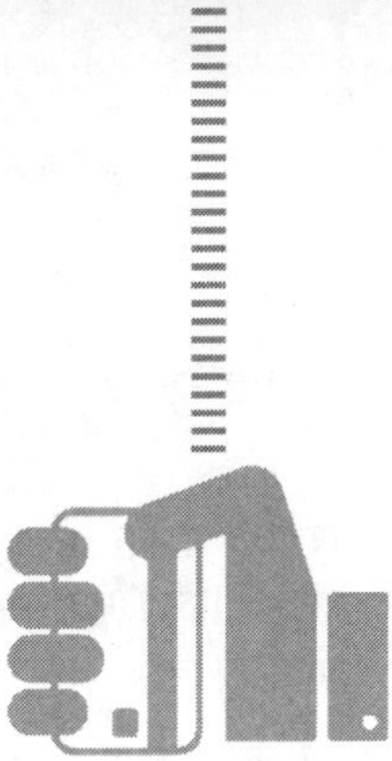

16

क्रेडिट कार्ड उपयोगकर्ताओं को कैसी सर्तकता बरतनी चाहिये

आजकल आम तौर पर खरीदारी के लिए, रेस्तरां में, मूवी टिकट और कई अन्य चीज़ों को खरीदने के लिए क्रेडिट कार्ड का इस्तेमाल किया जाता हैं। हालांकि, अपने कार्ड को ध्यान से रखना अत्यन्त महत्वपूर्ण है और इसके खोने की रिपोर्ट दर्ज करने में देरी का परिणाम विनाशकारी साबित हो सकता है।

- अगर आपका क्रेडिट कार्ड खो जाता हैं बैंक में तुरंत शिकायत दर्ज करायें। इससे जितनी जल्दी सम्भव हेगा बैंक इसे एक हॉट कार्ड के रूप में घोषित कर देगा जिससे सबंधित कर्मियों को तुरंत पता चल जाएगा और वे अपराधी को पकड़ने में सक्षम होगें। इससे चोरी हुए कार्ड के प्रयोग से होने वाले खर्च से आप बच सकेंगें।
- कार्ड पर इसका पिन नंबर कभी भी न लिखें।

- संदिग्ध लेनदेन से बचने के लिये हमेशा अपने मासिक बैंक स्टेटमेंट की जांच करें।
- एक कार्ड के चुंबकीय पट्टी पर कार्डधारक की बुनियादी जानकारी होती है। लेकिन कार्ड में आपके हस्ताक्षर के लिये एक खाली जगह भी होती है। अनधिकृत उपयोग से बचने के लिए कार्ड पर हस्ताक्षर करना चाहिए।
- सुनिश्चित करें कि जब आपका कार्ड स्वाइप किया जा रहा हो तो आप कार्ड को देख सकें।
- अगर आप इस्तेमाल नहीं कर रहे तो अपने क्रेडिट कार्ड के खाते को बन्द कर दें।
- अपनी व्यक्तिगत और क्रेडिट कार्ड की जानकारी अपने कंप्यूटर में सुरक्षित नहीं करें।
- किसी भी फर्म, वेबसाइट या किसी भी अन्य जगह जहां आपके पैसे की लेन देन हो रही हो उसकी प्रामाणिकता की जाँच अच्छी तरह से करें ।

17

महिलाओं के द्वारा बरती जाने वाली सावधानियाँ

महिलाओं और नाबालिग बच्चों की यौन शोषण के लिए तस्करी के अलावा महिलाऐं अपने कार्यस्थल पर अपराध की शिकार हो सकती हैं या दहेज उत्पीड़न और शादी के बाद क्रूरता की शिकार हो सकती हैं। राष्ट्रीय अपराध रिकार्ड ब्यूरो (एनसीआरबी), 2014 के अनुसार महिलाओं के खिलाफ हो रहे अपराधों में पिछले पाँच वर्षों में 2010 से लेकर वर्ष 2014 तक लगातार वृद्धि हुई है। वर्ष 2015 में 3.1 प्रतिशत की कमी दर्ज की गई।

(Crime in India: 2015, P 83)

- आप अपने आप को लेकर, अपने परिवेश और ऐसी संभावित स्थितियां जो आप को प्रभावित कर सकती है, उनके बारे में जागरूक रहें।
- ऐसी स्थिति या जगह जहाँ आपको अपनी सुरक्षा के बारे में गंभीर आशंका हैं उससे बचने की कोशिश करें।

- आपका अपहरण या आप पर हमला करने की कोशिश की जा रही हो तो ऐसी स्थिति से बचने के लिए आप वहां से भागने का प्रयास करें। तेज आवाज़ में मदद के लिए चिल्लायें।
- भागते समय हमलावर की आँखें, कमर और या अन्य महत्वपूर्ण अंगों पर आक्रमण करके चोट पहुँचाने में संकोच ना करें।
- कार ड्राइव करते समय कार के सभी दरवाजे बंद रखें और खिड़कियों के शीशे ऊपर रखें ताकि किसी भी तरह की जोर जबरदस्ती से बच सकें। चौराहों पर अजनबियों के लिए खिड़की न खोलें। अनजान व्यक्तियों को लिफ्ट नहीं दें।
- यदि आपको ड्राइविंग करते समय किसी खतरे का आभास होता है तो रास्ता बदलने की कोशिश करें।
- कभी भी कार्यालय जाने, बाजार जाने या टहलने के लिए एक निश्चित रास्ते का प्रयोग ना करें।
- यदि आप सड़क पर चल रहे हैं तो भारी और कीमती गहने पहनने से बचें।
- यदि बस से यात्रा कर रहे हैं तो खिडकी वाली सीट ना लें। मुसीबत में ऐसी सीटों पर आप गिर सकते हैं। गलियारे की सीटें भागने के लिए बेहतर होती हैं।
- भीड़–भाड़ कम होने के बाद ऐसी बस या ट्रेन के डिब्बे जिसमें बहुत कम लोग हों, उनमें चढनें की कोशिश ना करें।
- अगर आप सड़क पर चल रहे हैं तो म्यूजिक सिस्टम और गैजेट्स का उपयोग करने से बचने की कोशिश करें।
- अपने आसपास की संदिग्ध चीजों के लिए अपनी आँखें/कान चौकन्ने रखें।
- असुरक्षित स्थानों पर समूह के साथ चलने की कोशिश करें। जब तक कि आप सुरक्षित स्थान तक न पहुँच जायें।
- अपनी कार को प्रवेश द्वार के करीब पार्क करें, खासकर अगर आप रात में खरीदारी कर रहे हैं।
- अक्षम होने का नाटक कर रहे लोगों पर ध्यान रखें।
- जब आप गाड़ी चला रहीं है और कोई आपका पीछा कर रहा है तो पीछे देखने वाले शीशे से उसकी हरकतों पर नजर रखें। पूर्व निर्धारित गंतव्य तक मत जाइये। पीछा करने वाले से बचने के लिये बाजार या भीड़ वाली जगह के पास गाडी रोकें।
- कई शहरों की पुलिस जैसे दिल्ली पुलिस महिलाओं और कॉलेज/स्कूल जाने वाली लड़कियों के लिए आत्मरक्षा शिविरों का आयोजन करती है। इस तरह के शिविरों का हिस्सा बनें।
- अगर आप रात में अकेले हैं तो सबवे का उपयोग करने से बचने की कोशिश करें।

18

बच्चों के द्वारा बरती जाने वाली सावधानियाँ

संयुक्त परिवार के टूटने, एकल परिवारों की अवधारणा और कामकाजी जोड़ों की संस्कृति ने बच्चों को असुरक्षित बना दिया है। राष्ट्रीय स्तर पर उनके खिलाफ अपराध की भयावहता वास्तव में चौंकाने वाली है।

- सुनिश्चित करें कि आप अपना पूरा नाम, टेलीफोन नंबर और पता जानते हैं।
- कभी भी अपनी संपत्ति पर अकेले न रहें। यहां तक कि जब सार्वजनिक शौचालयों के इस्तेमाल के लिए जा रहे हो दोस्तों के साथ रहें।
- हमेशा कहीं भी जाने से पहले अपने माता–पिता से सहमति लेने की कोशिश करें और अक्सर अपने माता या पिता को जहाँ आप हैं उस जगह के बारे में बताने के लिए टेलीफोन करें।

- केवल स्कूल के रास्तों पर या आपके माता–पिता ने जो रास्ते आपको बतायें हैं पर ही चलें। कभी भी पार्किंग स्थल के माध्यम से या अन्य शॉर्टकट से न जायें।
- सतर्क रहें और सड़क पर चलते समय हेडफोन का इस्तेमाल ना करें और न हीं हाथ से खेलने का खिलौना लेकर खेलें।
- अगर कोई व्यक्ति आपके पास कोई सवाल करने के लिए आता है तो उसे जवाब न दें और कहें कि किसी बड़े से पूछें।
- यदि आप अकेले हैं तो कभी भी कार या ट्रक के पास न जायें बल्कि अन्य लोगों की ओर जिधर भीड़ हो उधर चले जायें।
- प्यारे जानवर और मिठाई अक्सर आप के पास आने के लिए अपराधियों द्वारा इस्तेमाल की जाने वाली दो तरकीबें होती हैं।
- एक अजनबी व्यक्ति से पैसे या उपहार स्वीकार करने से पहले हमेशा अपने माता–पिता की सहमति प्राप्त करें।
- आप किसी को कुछ गलत करते देखते हैं, तो अपना रास्ता बदल कर दूसरी दिशा में जायें।
- यदि कोई आपको लूट रहा है तो अपने कीमती सामान उसे दे दें उससे लड़ें नहीं।
- अपने स्कूल या क्लब परियोजना के लिये कभी भी पैसा न लें जब तक कि आपके माता–पिता में से कोई एक आप के साथ ना हों।
- उन लोगों पर भरोसा न करें जो आप को आपके माता–पिता के बनाये नियम तोड़ने के लिए कहते हैं।
- अपने माता–पिता को उन स्थानों या लोगों के बारे में बताये जिनसे आप असुरक्षित महसूस करते हैं।
- आपात स्थिति के लिए एक गुप्त कोड शब्द रखें। आप अपने माता–पिता से टेलीफोन पर बात कर रहे हों और आपके साथ कोई व्यक्ति है जो आपको डराता हो, तो अपने माता–पिता को चुपके से यह बताने के लिये कि आपको मदद की जरूरत है इस कोड शब्द का भी इस्तेमाल कर सकते हैं।

19

बच्चों की तस्करी की रोकथाम

अक्सर अपराधियों और असामाजिक तत्वों द्वारा नाबालिग लड़कियों को देश और विदेशों में आकर्षक नौकरियां दिलवाने की झूठी उम्मीदें दिला कर फंसा लिया जाता है। इन लड़कियों को वेश्यावृत्ति या अन्य अवैध गतिविधियों में धकेल दिया जाता है। पीड़ितों में से अधिकांश पिछड़े राज्यों के गरीब परिवारों में से होती हैं। इस तरह के शिकार लोगों के माता–पिता को ध्यान देना चाहिए।

- अपनी नाबालिग बेटियों के लिए नौकरियों के किसी भी प्रस्ताव की जाँच करें।
- अपने संभावित नियोक्ताओं के बारे में ठोस जानकारी पाने के प्रयास करें।

- स्थानीय बिचौलियों को सूचित किए बिना सीधे नियोक्ता के साथ संपर्क बनाये रखने की कोशिश करें।
- कभी भी अपने बच्चे को शहर में किसी अज्ञात व्यक्ति के साथ अकेले घूमने जाने की अनुमति नहीं देना चाहिये।
- आपके बच्चे को हमेशा परिवार के एक बड़े सदस्य के साथ रहना चाहिए।

20

वास्तविक दस्तावेज कैसे हासिल करें

पहचान के विभिन्न दस्तावेज जैसे आधार, पैन कार्ड, पासपोर्ट, ड्राइविंग लाइसेंस आदि विभिन्न सुविधाओं का लाभ उठाने के लिए आवश्यक होते हैं। अक्सर दलाल या ठग जल्दी से हमारे लिए इनको उपलब्ध कराने का वादा करते हैं और हम उनके झांसे में फंस जाते हैं। लेकिन यह ध्यान रखने की बात है कि कई गिरोह फर्जी दस्तावेज बनाने के विशेषज्ञ होते हैं। कुछ समय बाद पता चलता है कि दस्तावेज फर्जी है।

- हमेशा एजेंसियों के अधिकारिक और प्रमाणित वेबसाइटों का ही उपयोग करें।
- इन संगठनों के केवल अधिकृत और पंजीकृत एजेंट और प्रतिनिधियों से ही सम्पर्क करें।

- फोटो पहचान पत्र के माध्यम से उनकी जांच करे।
- उनके नियोक्ताओं से उनके बारे में जानकारी लें।
- इस तरह के कार्यालयों के आसपास टहलते हुये दलालों या बिचौलियों से मदद के लिए ना पूछें।
- कभी भी अनधिकृत व्यक्तियों को अपने महत्वपूर्ण और आवश्यक विवरण न सौंपें इससे जानकारी का दुरुपयोग किया जा सकता है।
- Official websites की online application सुविधा का लाभ उठायें।

21

नौकरी के झूठे वादों से निपटने के तरीके

नौकरी प्राप्त करना आज के दौर में पुरुष और महिलाओं दोनों के लिए एक जरूरत बन गया है। नौकरी का विज्ञापन मौखिक, प्रिंट और इलैक्ट्रॉनिक मीडिया में विज्ञापन के द्वारा किया जा सकता है। हालांकि, कई लोग झूठी नौकरी के वादों के जाल में फंस जाते हैं। इस तरह के कटु अनुभव से बचने के लिए निम्नलिखित सुझावों पर अमल करें–

- विदेशों में जॉब की पेशकश देने वाले विज्ञापनों या व्यक्तियों से सावधान रहें। उनकी पहले के कार्य की जाँच करें।
- नौकरी की पेशकश करने वाली कंपनियों की वेबसाइट की जाँच करें।

- किसी भी मदद के लिए देश के सम्बन्धित वाणिज्यक दूतावास से सम्पर्क करने में संकोच न करें।
- शिकायत करने से पहले, नियोक्ताओं के बारे में जाँच करने के लिए कार्यकारी संगठनों से संपर्क करें।
- कभी भी वीजा या टिकट प्राप्त करने के लिए अनधिकृत व्यक्तियों को अपने वैध यात्रा दस्तावेज न दें।
- काम करवाने के लिए बिचौलियों या अनधिकृत व्यक्तियों को नकदी ना दें।
- सभी भुगतान चेक द्वारा ही करें।
- खाली या पोस्ट–डेटेड (बाद की तारीख के) चेक नहीं दें।

22

कार चलाते समय ध्यान देने योग्य बातें

अपनी कार ड्राइव करके काम पर या कहीं और जाना आज आम बात है। बढ़ते वेतन के कारण अधिकतर युवा यहां तक कि लड़के और लड़कियां दोनो ही अपनी कार खुद ड्राइव करते हैं। लेकिन याद रखें कि एक दोस्ताना दस्तक घातक हो सकती है ...

- खिड़कियों के शीशे और दरवाजे बंद रखें।
- कभी भी किसी अजनबी के अनुरोध पर खिड़की के शीशे नीचे न करें।
- डैशबोर्ड पर या पीछे की सीट पर महंगा सामान न रखें।
- जिसे आप जानते न हो उसे लिफ्ट नहीं देनी चाहिये।
- लाल बत्ती पर इंतजार करते समय खिड़कियों के शीशे ऊपर करके मोबाइल फोन या इस तरह की दूसरी अन्य चीजों की चोरी से बचा जा सकता है।

23

अपराध पीड़ितों के लिए सावधानियाँ

हर अपराधी अपराध करने के बाद अपने पीछे एक सुराग छोड़ जाता है। अपराधी के द्वारा छोड़ा गया प्रारंभिक सुराग अपराध को सुलझाने में बहुत ही महत्वपूर्ण भूमिका निभाता है। इनके आधार पर एक अपराधी को पुलिस द्वारा गिरफ्तार किया जा सकता है। अगली महत्वपूर्ण भूमिका पीड़ितों द्वारा निभाई जाती है। अनभिज्ञता और डर के कारण कई बार सबसे महत्वपूर्ण सुराग पीड़ितों से खुद ही नष्ट हो जाते हैं।

- अगर कोई अपराध सड़क पर या आपके घर में हुआ है तो शोर मचायें और जितनी जल्दी हो सके तुरंत स्थानीय पुलिस को सूचित करें।
- आप या आपके साथ ही घर के अन्य सदस्यों को पुलिस के आने तक घर में किसी भी चीज़ को छूना नहीं चाहिए, विशेष रूप से घर में चोरी और सेंधमारी के मामलें में।

- जो सामान आपके घर का नहीं है उसका पता लगाने में आपको पुलिस की मदद करनी चाहिए। अपराध के स्थान पर बाहर से आये हुए सामान की पहचान करने की कोशिश करनी चाहिए।
- यदि आपकी आपराधी के साथ मुठभेड हुई है या आपने उसे अपराध के सथान को छोड़ने से पहले देखा है, तो जितना सम्भव हो उसके शारीरिक गठन और अन्य विशेषताओं के बारे में विवरण प्रदान करें।
- यदि अपराधी एक वाहन पर बच के भागा है, तो वाहन की कंपनी, नंबर और रंग नोट करने का प्रयास करें।
- सभी विवरण याद करने की कोशिश करें भले ही वह छोटी सी बात हो और इसे पुलिस को बताने का प्रयास करें।
- दोस्तों, दर्शकों या अपने साथ रहने वालों को कुछ भी छूने या अपराध की जगह के साथ छेड छाड करने की अनुमति नहीं दें।
- चश्मा, गिलास, बोतलें, अलमारी या मचान आदि को ना छूयें इन पर उंगलियों के निशान और अन्य महत्वपूर्ण सुराग हो सकते है।
- अगर अपराध वाले घटनास्थल पर खून के निशान है तो पुलिस की अनुमति के बिना इन्हे साफ नहीं करें।
- अपराध के घटना स्थल को खाली कर दें अगर यह घर के अंदर है तो इसे बच्चों, घर के और रहने वाले दूसरे सदस्यो और सहानुभूति प्रकट करने वालों को इसकी सीमा से बाहर रखें।
- अगर अपराध एक मोटर वाहन के अंदर हुआ है तो इसे तब तक न छुयें जब तक कि पुलिस नहीं पहुंचें। इसमें उंगलियों के निशान हो सकते हैं।

लेखक के बारे में

डॉ. ओम प्रकाश मिश्रा AGMUT कॉडर के आईपीएस अधिकारी हैं। इन्होंने नई दिल्ली के जवाहरलाल नेहरू विश्वविद्यालय से समाज भास्त्र में डॉक्टरेट की उपाधि हासिल की है। श्री ओ. पी. मिश्रा ने इंडियन पुलिस जरनल में कई लेख लिखें हैं और इंदिरा गाँधी ओपन युनिवर्सिटी में विभिन्न तरह के कोर्स प्रोग्रामों में भी सहायता दी है। उनकी पुस्तक Policing Delhi: Urbanisation, Crime and Law Enforcement महानगरों में होने वाले अपराधों के समाजिक पहलुओं को समझने की दिशा में महत्वपूर्ण योगदान है। श्री ओ पी मिश्रा ने दिल्ली के अलावा गोवा एवं अंदमान निकोबार द्वीप समूह में भी महत्वपूर्ण पदों पर काम किया है।
श्री मिश्रा ने समय–समय पर होने वाले राष्ट्रीय एवं अंतराष्ट्रीय सम्मेलनों में पुलिस एवं सुरक्षा संबधित विशयों पर वक्ता के रूप में अपने विचार व्यक्त किये हैं। इन्होंने Kosovo में संयुक्त राश्ट्र मिशन में अर्न्तराष्ट्रीय पुलिस अफसर के रूप में भी अपनी सेवायें प्रदान की हैं। श्री मिश्रा को उनकी उल्लेखनीय सेवाओं के लिए राष्ट्रपति द्वारा पुलिस मेडल से सम्मानित किया गया है।